Petite vie
de
saint Antoine
de Padoue

Du même auteur

Trente-six questions sur la Bible, Centurion, 1989 (traduit en italien).

Le christianisme en questions (traduit en espagnol), Centurion, 1991.

Communications avec l'au-delà (traduit en italien), Droguet & Ardant, 1991.

Questions à l'Église et à sa morale, Centurion, 1992.

Une parole évangélique : choix de sermons de saint Antoine de Padoue, Éd. Franciscaines, 1995.

Le pouvoir des cristaux, Mame/Plon, 1996.

VALENTIN STRAPPAZZON

Petite vie de saint Antoine de Padoue

DESCLÉE DE BROUWER

Crédits photographiques

P. 11 : photo D.R. — P. 35, 69 : documents extraits de *Colóquio Antoniano*, Edicão da Camarã Municipal de Lisboa, 1982. — P. 50, 88 : documents extraits de *Sant' Antonio*, Edizioni Messaggero Padova, 1985. — P. 75, 91 et 111 : propriété de la Basilique Saint-Antoine (photos S. Deganello). — P. 81 et 114 : gravures extraites de *S. Antonio questo sconosciuto*, Edizioni Messaggero Padova, 1979.

76 *bis*, rue des Saints-Pères, 75007 Paris
ISBN 2-220-03471-2
ISSN 0991-4439

Avant-propos

Antoine de Padoue comme Thérèse de Lisieux. Ce rapprochement, inattendu et à bien des égards surprenant, est du cardinal Paul Poupard. Commémorant à Padoue, en novembre 1987, le centenaire du pèlerinage de la petite Thérèse au tombeau de saint Antoine, il souligna de nombreux points de ressemblance entre ces deux grandes figures de la sainteté de l'Église. Leur vie, tout d'abord, relativement courte aux yeux des hommes — trente-six ans pour Antoine, vingt-quatre pour Thérèse —, mais pleinement remplie aux yeux de Dieu. Leur sainteté, vécue comme une adhésion à Dieu, totale et sans regrets. La voie de simplicité suivie dans leur itinéraire spirituel : enfance spirituelle pour Thérèse ; fidélité sans retour à l'Évangile, à la suite de François d'Assise, pour Antoine. Leur action dans l'Église : Thérèse est la patronne des missions ; Antoine a su mettre en œuvre les orientations du concile de Latran IV, et reste, dans le sillage de Vatican II, un guide éclairé pour l'étude de la Bible, la catéchèse populaire, la défense des pauvres, la primauté du spirituel. Leur culte populaire enfin, et leur présence amie aux côtés du peuple chrétien. Leur culte, né spontanément après leur mort, reconnu par l'Église et entretenu par ceux qui sont chargés d'en garder les tombeaux et la mémoire, avait fini par réduire leur forte personnalité et leur image à celle d'une pluie de roses pour Thérèse ; d'un saint qui fait retrouver les objets perdus ou... pourvoit les filles en mariage, pour Antoine.

Ainsi, Antoine de Padoue comme Thérèse de Lisieux, aimés et vénérés de tous, seraient restés inconnus si les héritiers de leur spiritualité et des spécialistes en sciences humaines et religieuses ne s'étaient employés à en reconstituer l'image. Pour Thérèse, ces travaux, après maintes études et biographies, ont abouti tout dernièrement à la publication des *Œuvres complètes* (aux « Éditions du Centenaire », Cerf/Desclée de Brouwer, 1992) ; et pour Antoine, à l'édition critique de son œuvre majeure, les *Sermons pour les dimanches et les fêtes des saints*, et des *Sources biographiques*, grâce auxquelles une connaissance plus approfondie est désormais possible, aussi bien de son milieu d'origine, de son tempérament, de sa formation intellectuelle, que de sa spiritualité et de l'influence qu'il exerça dans l'Église de son temps.

L'histoire d'Antoine de Padoue est particulièrement révélatrice de la tension qui existe, pour les personnages qui sont l'objet d'un culte populaire, entre le désir des foules de glorifier leur héros en multipliant autour de lui le merveilleux, et la voix de l'Église, soucieuse d'interpréter et de transmettre fidèlement son message. Ce souci est également au cœur de ce que théologiens et historiens appellent la « question antonienne », ou plus simplement, la possibilité de reconstituer, par-delà la légende, une image d'Antoine de Padoue la plus fidèle possible à l'histoire.

Une telle possibilité repose sur la triple vérification des *sources* qui renseignent sur sa vie et son activité ; du *cadre* historique et culturel de sa formation intellectuelle et spirituelle, le Portugal et en particulier les monastères de Lisbonne et de Coïmbre ; des *valeurs évangéliques* dont son culte est porteur pour la vie des chrétiens et pour la croissance de la foi. Par ailleurs, les recherches effectuées à ce jour dans ces trois domaines se sont avérées extrêmement fructueuses pour une meilleure connaissance du Saint de Padoue, mais laissent subsister des coins d'ombre et des points de discussion, parfois insolubles, que nous écarterons de notre récit pour ne pas en gêner le déroulement, mais qu'il est bon d'évoquer, car ils conditionnent un certain nombre de nos propres choix.

Les sources

La principale source, interne, d'information sur la personnalité d'Antoine de Padoue est constituée par ses propres écrits. Plusieurs ouvrages lui sont attribués, mais un seul a été retenu par la critique : *Les Sermons pour les dimanches et les fêtes des saints*. Cet ouvrage composé, d'après ses biographes, à Padoue, avec des matériaux accumulés très probablement au cours de ses années d'études au Portugal (nous y reviendrons), ne contient pas d'indications autobiographiques proprement dites ; il révèle en revanche une profonde connaissance des Écritures, une vaste culture théologique et profane, une grande rigueur intellectuelle, une personnalité forte, cohérente, capable d'enthousiasmes et d'élans mystiques, douée d'une grande sensibilité et d'une grande foi.

Les autres sources, externes cette fois, sont représentées par deux bulles du pape Grégoire IX annonçant sa canonisation à l'évêque et à la ville de Padoue (1er juin 1232), et à tout le monde chrétien (3 juin 1232) ; un office liturgique, composé par le Frère mineur poète et musicien, Julien de Spire, vers 1235 ; sept biographies, écrites entre 1232 et la moitié du XIVe siècle (voir encadré). A ces documents, il convient d'ajouter la bulle *Exulta Lusitania felix* du 16 janvier 1946, par laquelle Pie XII proclamait saint Antoine *Docteur évangélique de l'Église*.

La fidélité des biographes aux événements historiques est très inégale : elle diminue au fur et à mesure que leurs auteurs s'éloignent de la source, mais témoignent, en revanche, de l'évolution qu'on a fait subir au personnage. Au cours de ce travail, nous citerons surtout l'*Assidua* (dans la traduction de l'édition critique, de Willibrord Christian van Dijk) qui est la plus proche des événements : elle a été écrite durant l'année qui a suivi sa mort ; la mieux documentée : elle rapporte les souvenirs des religieux qui l'ont connu et côtoyé, ainsi que de l'évêque de Lisbonne, Don Soeiro II Viegas (1209-1231/32), présent à Rome pour le procès et la canonisation d'Antoine ; et partant la plus digne de foi. Les biographies suivantes, par contre, à commencer par l'Office liturgique de Julien de Spire, sont un hymne à la gloire d'Antoine, à ses vertus, à son imitation parfaite de François d'Assise.

Le merveilleux

Le nombre et la fréquence des miracles attribués à saint Antoine de Padoue durant sa vie et après sa mort posent un problème particulier. Les biographies les plus anciennes, l'*Assidua* et la *Vita secunda*, se montrent extrêmement sobres à propos des miracles accomplis par Antoine de son vivant. Les autres, en revanche, plus tardives, abondent en récits merveilleux au point qu'il s'avère difficile, sinon impossible en l'état actuel de la recherche, de savoir ce qui revient réellement à Antoine de Padoue de son vivant, ce qui à été emprunté à d'autres saints, voire à un fond hagiographique commun. Les mêmes prodiges, comme la jument adorant l'Eucharistie et l'apparition de l'Enfant Jésus, auraient eu lieu, selon certaines traditions, en France, selon d'autres, en Italie ; et le sermon aux poissons se serait produit, au bord d'un fleuve ou au bord de la mer, en différents endroits d'Italie.

Nous retrouverons plus loin (p. 90) ce problème. Pour notre part, nous citerons les prodiges les plus populaires et les plus significatifs, en ayant soin cependant de les visualiser par des signes typographiques différents du reste du récit et d'en donner la signification.

La formation

Antoine est originaire de Lisbonne, ce qu'ignorent souvent ceux qui le vénèrent sous le nom d'Antoine de Padoue. C'est pourtant bien au sein d'une famille portugaise, dans un pays imprégné de l'esprit de reconquête sur la présence musulmane, qu'il a vécu son enfance et sa jeunesse. C'est également dans les monastères prestigieux de Lisbonne et de Coïmbre qu'il a reçu une formation humaine et spirituelle, avant de devenir franciscain, prédicateur, missionnaire et enseignant en Italie et en France. La première partie de ce livre essaie de situer la période de

Église Saint-Antoine, construite sur l'emplacement de la maison natale, selon la tradition.

de formation d'Antoine — jusqu'à l'âge de vingt-six ans environ — dans le milieu, la culture, les méthodes d'enseignement, le contexte politique et religieux de l'époque. Le rôle et l'importance de ces années de formation peuvent être considérés comme l'une des données nouvelles des récentes recherches et de cette biographie.

La chronologie

Un problème particulier concerne la chronologie de la vie d'Antoine. On connaît avec certitude la date de la mort d'Antoine de Padoue : 13 juin 1231 ; deux biographes notent qu'il était alors dans sa trente-sixième année. Le compte à rebours nous ramène donc, pour sa naissance, à l'an 1195. Cependant, il est difficile de dater avec exactitude certains événements de sa vie, comme la durée de ses études, l'âge de son ordination sacerdotale, etc. Les examens anthropologiques effectués, en janvier 1981, sur son corps, conservé à Padoue, lui attribuent trente-neuf ans et demi et font reculer sa naissance aux années 1190-1191. Le souci de rigueur historique nous obligerait par conséquent à un va-et-vient continuel entre une chronologie scientifique et la chronologie traditionnelle. C'est cette dernière que nous avons retenue pour notre récit et par souci de clarté, car elle est aussi celle qui sert de référence pour toutes les commémorations officielles, dont le 8e centenaire de sa naissance programmé pour 1995.

Le culte

Enfin, cette « petite vie » ne peut oublier le culte antonien, très vivant auprès de la tombe d'Antoine à Padoue, de sa maison natale à Lisbonne et en beaucoup d'autres lieux qui rappellent son passage. Là s'est développée une dévotion, accompagnée d'une pastorale catéchétique et sacramentelle d'œuvres humanitaires et sociales. Ces fruits spirituels, en un mot, sont la preuve la plus évidente que le culte de saint Antoine est non seulement exempt de tout soupçon de superstition, mais s'avère en fait fécond pour le témoignage de l'Évangile et la vie du chrétien.

Au terme de cet avant-propos, nous nous devons d'adresser un sincère remerciement à M. Francisco da Gama Caeiro, professeur à la Faculté de Lettres de l'Université de Lisbonne et auteur d'une étude très approfondie sur saint Antoine ; à Charles Chauvin, animateur principal de la collection, et au Père Vergilio Gamboso, auteur des éditions critiques des *Sources antoniennes*, qui nous ont éclairé en leur qualité d'historiens et de spécialistes des questions antoniennes.

SOURCES ET TÉMOINS

a) La principale, et unique, source interne sont les *Sermons pour les dimanches et fêtes des saints*, dans l'édition critique publiée par le « Centre d'Études Antoniennes de Padoue » (Messaggero, 1979).

b) Les sources externes sont intérieures ou extérieures à l'ordre franciscain.

1. Sources intérieures à l'ordre franciscain :
   L'*Assidua*, d'auteur anonyme, écrite en 1232.
   L'*Office* et la *Vita secunda*, composés par Julien de Spire en 1235.
   Le *Dialogue sur les gestes du bienheureux Antoine*, d'auteur anonyme : 1245-1246.
   La *Benignitas* du franciscain Jean Peckham : env. 1280.
   La *Raymundina* dont l'auteur est un frère du couvent Saint-Antoine de Padoue, traditionnellement confondu avec Pierre-Raymond de Saint-Romain : 1293.
   La *Rigaldina* de Jean Rigaud, Frère Mineur devenu évêque de Tréguier : fin XIIIe-début XIVe siècle.
   Le *Livre des miracles* d'Arnault de Serrano : entre 1369 et 1374.

Les termes latins *Assidua* et *Benignitas* indiquent le premier mot de la Légende ; les termes *Raymundina* et *Rigaldina*, respectivement les auteurs : Pierre-Raymond de Saint-Romain et Jean Rigaud.

2. Sources extérieures à l'ordre franciscain :
   Bulles des papes Grégoire IX (1232) et Pie XII (1946).
   Auteurs dominicains : Vincent de Beauvais, Paio de Coïmbra, etc.

I

Miroir du Portugal

1
Enfance et adolescence

Celui que tout le monde vénère comme « saint Antoine de Padoue » est, pour le Portugal, « saint Antoine de Lisbonne », et pour les Portugais, *o nosso santo António* (« notre saint Antoine »). Il naît en effet à Lisbonne, en 1195, selon ses biographes ; vers 1190-1191, d'après l'examen effectué sur ses restes mortels. A son baptême, il reçoit le nom de Fernand.

Lisbonne, à cette époque, n'est pas la capitale du jeune royaume. Libérée de l'occupation arabe en 1147, elle est encore sous la menace des Maures à l'est, vers les frontières avec l'Espagne, et au sud, à Alcácer do Sal, face à Setúbal. Les épisodes de conquête, de défaite et de reconquête vont encore se poursuivre jusqu'à la victoire de Las Navas de Tolosa (1212). La libération du Portugal ne sera effective qu'en 1249.

La ville, fondée, selon la légende, par les Grecs au temps d'Ulysse, s'étend déjà sur les collines entourant le château fort et dans le creux des vallons qui les séparent, peuplée de pêcheurs, de marchands, d'artisans, de nobles, de soldats et d'une foule bigarrée, aux accents les plus divers : Maures ayant choisi de rester en terre chrétienne ; anciens croisés bretons, normands, allemands ; Flamands, Génois et Florentins attirés par le commerce et la finance dans un port ouvert sur le monde. Tout en haut, sur la colline, face à l'estuaire du Tage, le monastère de Saint-Vincent de Fora (hors les murs) veille avec la communauté des Chanoines réguliers de Saint-Augustin, unis en communion spirituelle avec ceux de Sainte-Croix de Coïmbre : deux lieux qui vont jouer un rôle de premier plan dans la formation spirituelle et intellectuelle du jeune Fernand.

Martin et Maria, les parents de Fernand, appartiennent à la classe des chevaliers attachés à la personne du roi — l'*Assidua* les appelle « heureux », peut-être aussi dans le sens de « fortunés » — et possèdent une maison située près de la cathédrale. A l'emplacement de leur demeure, on construira d'abord une chapelle, puis, à la fin du XVe siècle, une magnifique église en style manuélin ; enfin, après le tremblement de terre de 1755, l'église actuelle de style baroque. Dans la crypte, une inscription rappelle aux passants : « En ce lieu, naquit, selon la tradition, saint Antoine, que nous a ravi la demeure glorieuse du ciel. »

La légende a voulu ennoblir les origines familiales de Fernand en le rattachant à Godefroy de Bouillon (1061-1100), le chef de la première croisade, devenu « roi de Jérusalem ». Ou encore à un chevalier bourguignon venu apporter son aide à Alphonse Henriques, premier roi du Portugal, dans le siège et la conquête de Lisbonne. « Ce n'est pas parce que le père de saint Antoine appartient au peuple de Lisbonne que le grand saint que fut son fils en sort amoindri, observe Fernando Félix Lopes. L'histoire et l'expérience montrent, au contraire, que de l'humble peuple sortent des héros pour de grandes entreprises, et des saints pour les autels » (p. 27).

Éducation en famille et à l'école

Martin et Maria, profondément croyants, apprennent à leur enfant à parler, à jouer, mais aussi à dire les premières prières toutes simples, lui racontent les vieux contes du pays, les lointaines origines de la ville, les belles pages de l'histoire sainte. Puis, à l'âge convenu, ils le confient à l'école rattachée à la cathédrale toute proche, « pour qu'il y apprenne les Saintes Lettres », dit l'*Assidua*; qui ajoute en guise de commentaire : « Comme s'ils avaient été guidés par un présage, ils chargèrent les ministres du Christ de l'éducation du futur héraut du Christ ».

D'après une pratique remontant aux VIIe siècle, les écoles cathédrales étaient une institution visant à élever le niveau intellectuel des clercs, et à instruire gratuitement des écoliers pauvres. Elles furent officialisées et réglementées par les IIIe et IVe conciles de Latran (1179, 1215). Au Portugal, il y eut des écoles cathédrales à Lisbonne, Braga, Coïmbre, Lamego, Porto et Evora.

La direction en était confiée à un maître d'école, à un chancelier et à un chantre, sous la surveillance de l'évêque. Les enfants apprenaient à lire et à écrire ; ils étudiaient la grammaire, la logique, la rhétorique, le chant et le calcul ; et ils étaient initiés aux Pères de l'Église et aux auteurs latins. L'enseignement était délivré en latin, oralement, à cause de la rareté des livres, ce qui explique le rôle de premier plan confié à la mémoire de l'élève. L'éducation proprement religieuse commençait avec la lecture du Psautier et des prières usuelles, et se poursuivait par celle de la Sainte Écriture.

Fernand fréquente l'école cathédrale jusqu'à l'âge de quinze ans. Lorsqu'il la quitte, il possède les bases littéraires et l'instruction religieuse indispensables pour aborder des études supérieures dans les Monastères de Saint-Vincent de Fora et de Sainte-Croix de Coïmbre.

Son enfance se déroule ainsi « sans histoire » entre sa famille et l'école, dans un climat religieux favorable et dans un contexte qui résonne des succès et des défaites des armées chrétiennes en Terre Sainte, dans son propre pays et aux frontières de l'Espagne. Récits de courage et de foi qui laissent une empreinte profonde dans son âme d'enfant.

Premiers Fioretti

La tradition, soucieuse de grandir le plus possible un personnage devenu célèbre, fait de Fernand un enfant vertueux, visitant et priant dans les églises, chantant les louanges de la Vierge, consacrant à Dieu sa virginité... dès l'âge de cinq ans. Il est d'un tempérament bon et pratique la charité envers les pauvres, à l'exemple de ses parents profondément croyants. Sa bonté, en particulier, sera souvent soulignée par ses biographes, et deviendra une des caractéristiques les plus marquantes de sa personnalité, dans ses rapports avec les personnes et avec le public. Sur cette note de gentillesse et de profonde sensibilité, naissent également les premiers *Fioretti*.

> Un jour d'été, raconte la légende, son père lui confie la garde d'un champ de blé contre les oiseaux toujours gourmands. Tout à coup, Fernand se rappelle que c'est l'heure de la prière à la cathédrale et pour rien au monde ne veut la manquer. Il appelle alors les moineaux et les enferme dans une masure à ciel ouvert, avec défense d'en sortir pour picorer le blé. Il s'en va tranquillement à la prière, et au retour, il retrouve les moineaux à leur place, et le blé sain et sauf.

Ce récit plein de fraîcheur exprime, sous forme de symbole, l'harmonie entre l'homme et la nature, entre l'enfant et les animaux, dont parlait déjà le prophète Isaïe : « Le loup habitera avec l'agneau... le veau et le lionceau seront nourris ensemble, un petit garçon les conduira... le nourrisson s'amusera sur le nid du cobra. Sur le trou de la vipère, le jeune enfant étendra la main » (cf. Is 11,6-9).

De la même manière sont racontées les premières victoires du jeune Fernand sur l'ennemi du genre humain.

> Un jour, il prie en silence dans la pénombre de la cathédrale, lorsqu'une forte tentation envahit son esprit. L'enfant n'hésite pas un instant et, avec son pouce, trace sur la marche de l'autel une croix qui reste gravée dans le marbre. A ce signe, le Tentateur s'enfuit et la tentation disparaît.

La piété a vu dans cette scène l'origine de la prière à saint Antoine de Padoue contre les forces du mal : « Voici la croix du Seigneur. Fuyez forces du mal ! il a remporté la victoire, le lion de Juda, le rejeton de David !... » (cf. Ap 5,5).

Mais revenons à l'histoire. A quinze ans, l'heure est venue pour Fernand de prendre des décisions importantes pour son avenir.

2
L'heure du choix

L'*Assidua* retrace en quelques courts paragraphes la crise d'adolescence qui aboutit à son choix de la vie religieuse : « A quinze ans, comme les tentations charnelles croissaient avec la puberté et se sentant troublé plus qu'il n'est normal, il ne se laissa pas aller aux mollesses de l'adolescence et aux plaisirs, mais... il refréna sérieusement ses désirs. Dans les rencontres quotidiennes, le monde lui donnait la nausée et il recula, n'ayant pas encore mis le pied sur la pente. Il craignait que si la poussière des désirs terrestres le touchait un tant soit peu, cela ne fût un obstacle à poursuivre la route du Seigneur. Près des murs de la ville, se dresse un monastère de l'ordre de Saint-Augustin... C'est là, surmontant les sollicitations du monde, que se rendit l'homme de Dieu et qu'il prit la robe canoniale... ».

Ce raccourci, traduit dans les termes de la spiritualité médiévale, est dans la ligne de l'éducation reçue par Fernand dans sa famille et à l'école-cathédrale. Une éducation qui trouve son complément normal dans la vie des Chanoines réguliers du monastère Saint-Vincent proche de sa maison. Fernand a, en effet, l'âge nécessaire pour commencer son noviciat. Pour sa famille, l'entrée dans la vie religieuse présente une solution idéale pour son avenir. Et le jeune homme lui-même vit dans un contexte qui le pousse vers ce choix.

L'ambiance morale de Lisbonne sous la domination moresque, décrite par l'historien Alexandre Herculano, est plutôt sombre : « C'était, dit-il, le relâchement des mœurs, la liberté élevée au rang de libertinage. Chacun faisait sa propre loi. Il n'y avait aucune religion et les hommes les plus dépravés du monde venaient plonger dans cette sentine de perdition, où les vices les plus sordides pullulaient à volonté et les passions les plus perverses étaient librement assouvies. » Après la *reconquista*, note Fernando Félix Lopes, le christianisme a peut-être gagné les intelligences, mais n'a pas encore apprivoisé les instincts ni éliminé les atrocités » (cf. p. 41).

On pense, en outre, que la crise de jeunesse de Fernand s'est étalée sur un laps de temps plutôt long — plusieurs mois, voire plusieurs années —, l'« âge nubile » dont parle l'*Assidua* pouvant désigner aussi bien la capacité juridique de se marier que la maturité d'esprit nécessaire pour prendre en charge une famille et éduquer des enfants. D'ailleurs, la connaissance des problèmes humains, le sens de l'accueil et de l'écoute dont Fernand fera preuve dans ses écrits et dans ses rencontres avec les foules montrent qu'il a mûri sa décision par une longue réflexion, et après s'être confronté aux problèmes de la vie quotidienne.

Un jour, après avoir fait acte de renonciation à l'héritage familial, il vient enfin frapper aux portes du monastère de Saint-Vincent de Fora, pour y revêtir la robe canoniale et commencer son noviciat.

3

Saint-Vincent de Fora

Ce choix du futur Antoine de Padoue est le premier d'une série qui l'amènera d'abord vers des communautés de plus en plus retirées, puis vers l'ordre de Saint-François, sur les routes d'Italie et de France. Mais restons, pour l'instant, avec Fernand dans le monastère de Saint-Vincent de Lisbonne.

Ce monastère est un foyer de culture et de vie spirituelle d'un rayonnement indiscutable. Il avait été fondé par Don Alphonse Henriques, premier roi du Portugal, à l'est de la ville, face au château Saint-Georges, à la suite d'un vœu formulé lors du siège de Lisbonne en 1147. Dans ses règlements intérieurs, il suivait la règle de saint Augustin, sur le modèle des communautés déjà existantes de Sainte-Croix de Coïmbre (1132), de Saint-Victor de Paris (1108) et de Saint-Ruff d'Avignon (1038).

Fernand, jeune religieux

Le style de vie de ces religieux convient bien à Fernand qui cherche un lieu retiré pour la prière et la vie spirituelle, sans exclure une certaine présence parmi les hommes. La règle de saint Augustin orientait en effet vers la vie spirituelle et les religieux alternaient, tout au long de la journée, des moments d'oraison (de méditation), de lecture spirituelle et de travail, « les trois armes, écrivait Hugues de Saint-Victor, par lesquelles le démon est vaincu ; les trois moyens grâce auxquels on gagne le bonheur éternel ».

Parlant des progrès de Fernand dans cette ambiance de spiritualité, l'auteur de l'*Assidua* écrit : « Il persévérait nuit et jour dans la lecture de la parole de Dieu au point de la graver entièrement dans sa mémoire. » Et à propos de la bonne renommée du monastère : « Ses religieux étaient connus pour leur esprit religieux. »

Mais la règle de saint Augustin s'ouvrait également sur des activités à l'extérieur du monastère, telles que le service des paroisses, la prédication, l'exercice de la charité, le devoir de l'hospitalité. Ainsi les prescriptions concernant le séjour des religieux envoyés en mission et la prudence dans les rapports avec les femmes supposaient l'exercice des fonctions cléricales et apostoliques en dehors du monastère. A Saint-Vincent de Fora, Fernand a pu s'initier lui aussi à ces activités caritatives et pastorales, et s'orienter tout naturellement, dès ses premières années de vie religieuse, vers le sacerdoce.

Études et enseignement

D'importantes découvertes d'archives ont mis à jour des catalogues de livres en usage dans le monastère de Lisbonne à l'époque de Fernand : la Bible avec ses commentaires, le Psautier et les missels servant à la célébration de la liturgie, les écrits des Pères de l'Église, les livres provenant du monastère de Cluny et de l'abbaye de Saint-Victor de Paris, les grammaires et les textes classiques, les traités de sciences naturelles, de botanique, d'astronomie, de droit, de médecine, etc. De tels documents confirment une pratique courante à l'époque : l'échange de manuscrits entre les différents monastères de Portugal, d'Espagne et de France. Elles nous éclairent surtout sur le genre d'enseignement reçu par Fernand à Lisbonne et surtout à Coïmbre, et dont on retrouve la trace à chaque page de ses écrits.

Vers un nouveau départ

Fernand passe environ deux ans dans le monastère de Saint-Vincent de Lisbonne. Un monastère, hélas, trop proche de sa famille et de sa ville ! Amis et parents viennent en effet trop souvent lui rendre visite, lui rappellent des souvenirs et des amitiés auxquels il a dit définitivement adieu et finissent par devenir importunes. Fernand ne trouve plus le calme et le silence dont il avait rêvé et le problème se pose donc pour lui de changer de lieu sans changer de famille religieuse.

Le monastère de Saint-Vincent de Lisbonne est attaché en effet, par des liens de protection et par des relations culturelles étroites à celui de Sainte-Croix de Coïmbre. Fernand s'ouvre donc à son Prieur de son projet et demande à être transféré à Sainte-Croix de Coïmbre. Le Prieur l'écoute attentivement — Fernand est trop humble et trop docile pour se laisser aller à des coups de tête — ; il cherche à le dissuader, mais le jeune religieux insiste et « à force de sollicitations, d'entreprises répétées et de prières », obtient l'autorisation de changer de résidence. Saint-Vincent se prive ainsi d'un membre précieux pour la bonne entente de la communauté et la renommée du monastère, mais au fond, pensait le Prieur, il n'était pas perdu pour les chanoines réguliers. Pas pour l'instant, du moins !

4

Sainte-Croix de Coïmbre

Fernand rejoint le monastère de Coïmbre en 1212. Il n'a que dix-sept ans, un peu trop jeune en vérité pour assumer une telle décision en connaissance de cause ! Durant les huit années qu'il va passer dans ce prestigieux monastère, il se forme à l'école de saint Augustin — et de saint Bernard, les chanoines réguliers de Coïmbre étant en relation constante avec les Cisterciens d'Alcobaça — et lorsque Fernand en sortira pour rejoindre l'ordre franciscain, il sera prêt à exercer un rôle efficace dans la prédication au peuple et dans l'enseignement dans les écoles de son ordre. L'*Assidua* retrace en quelques phrases les progrès de Fernand dans la vie spirituelle et intellectuelle pendant ces huit années : « Il s'était transféré au monastère de Sainte-Croix, écrit-elle, par amour d'une discipline plus sévère et d'une tranquillité plus féconde… il n'avait pas seulement changé de lieu mais aussi de mœurs. »

Voici une précision d'ordre spirituel fondamentale, qui éclaire certains traits de sa vie intellectuelle :

« Il cultivait son intelligence par des études intenses, et exerçait son esprit par la méditation. Jour et nuit, comme il le pouvait, il n'interrompait pas la lecture de la Parole de Dieu.

En lisant les textes bibliques il en dégageait le sens littéral, et fortifiait sa foi par des comparaisons allégoriques ; en rapportant à lui-même les paroles de l'Écriture, il nourrissait ses élans affectifs par une vie pleine de vertu...

En approfondissant avec grande curiosité le sens caché des parole divines, il se servait de la Sainte Écriture pour prémunir son intelligence des attaques de l'erreur... et tout ce qu'il lisait, il le confiait à une mémoire si tenace qu'en peu de temps il fit voir une connaissance de la Bible telle que jamais personne ne l'aurait espéré ».

De tels progrès étaient possibles à Coïmbre dont la spiritualité et l'enseignement bénéficiaient des apports des communautés sœurs de Saint-Victor de Paris et de Saint-Ruff d'Avignon.

Filiation spirituelle avec Saint-Ruff d'Avignon...

Le monastère Sainte-Croix de Coïmbre était antérieur d'une vingtaine d'années seulement à celui de Saint-Vincent de Lisbonne. Son fondateur, Don Telo, était un chanoine de la cathédrale qui avait accompagné son évêque en Terre Sainte et avait été impressionné par la spiritualité du clergé d'Orient. Retourné dans sa ville, il décida de réformer son propre clergé en le ramenant à une vie évangélique de prière, de pauvreté et de travail. Il réunit douze prêtres décidés à partager ce projet, acquit le patronage de l'église Sainte-Croix dans les faubourgs bas de la ville, reçut un terrain en dotation du roi Alphonse Henriques (Coïmbre était à l'époque, capitale du royaume), et le 24 février 1132, y installa sa communauté en lui donnant comme norme de vie la Règle de Saint-Augustin. En 1135, à la suite de querelles entre le monastère et les chanoines de la cathédrale, Don Telo pu obtenir du pape Innocent II l'exemption de la juridiction épiscopale.

Mais l'initiative de Don Telo ne s'arrêta pas à la naissance matérielle du monastère : de passage à Avignon, au cours de ses voyages en Italie, il visita celui de Saint-Ruff qui appartenait à la même congrégation des chanoines réguliers et décida d'adapter pour Sainte-Croix, le *Coutumier* en vigueur dans cette communauté. Son projet fut poursuivi par son successeur, Don Teotónio, et les deux monastères établirent entre eux des relations suivies en même temps qu'une profonde filiation spirituelle.

De nombreux traits de la spiritualité de deux monastères et en particulier la trilogie *Humilité, pauvreté, charité*, chère à saint Augustin, se retrouvent dans les *Sermons* d'Antoine de Padoue.

« Parmi toutes les vertus, disait saint Augustin, la première est l'humilité, la deuxième, l'humilité, la troisième, l'humilité ; et autant de fois que tu me poseras la même question, je te donnerai la même réponse : humilité. » Lui faisant écho, Antoine écrira : « L'humilité est la mère, la racine, de toutes les autres vertus. » Dans une famille où la mère figurerait la pénitence, la pauvreté est le frère et l'époux, mais l'humilité, la sœur et l'épouse. « Heureux le pauvre qui prend l'humilité en mariage »...

— La charité, enseigne encore saint Antoine, réside dans le double amour de Dieu et du prochain. Par le premier, l'homme, tel un poisson dans la mer, parcourt les voies du monde pour subvenir aux nécessités du prochain qui souffre ; par le second, il s'élève comme un oiseau dans les hauteurs de la contemplation, afin d'observer, selon ses capacités, le Roi dans sa gloire.

— Se reposer en Dieu ne signifie cependant pas fuir le monde. Par un mouvement circulaire sans cesse répété, l'homme puise en Dieu la force pour aller au secours du prochain ; à leur tour, les nécessités du prochain l'obligent à remonter vers Dieu pour puiser de nouvelles forces (les réponses à ses questions fondamentales, dirions-nous aujourd'hui). Il procède ainsi d'action en contemplation et de contemplation en action, jusqu'au jour où il parviendra à la possession de la patrie éternelle, « récompense du fils adopté par la grâce de Dieu ».

... et avec Saint-Victor de Paris

A leur tour, Sainte-Croix de Coïmbre et Saint-Ruff d'Avignon s'inspiraient de la spiritualité des maîtres Hugues et Richard de Saint-Victor de

Paris. Les relations avec cette abbaye nous éclairent tout particulièrement sur la formation intellectuelle de Fernand.

Dès ses origines, le monastère de Sainte-Croix avait bénéficié de l'enseignement de Paris. On s'y rendait pour obtenir le titre de maître et la licence d'enseigner la théologie, la philosophie, la médecine et les autres sciences. En 1190, le roi Sancho Ier avait institué une bourse en faveur des chanoines qui résidaient à Paris pour des raisons d'études.

A Coïmbre, comme partout ailleurs au Moyen Age, l'enseignement de base comprenait les « arts libéraux » (Grammaire, Rhétorique, Dialectique, Arithmétique, Astronomie, Géométrie, Musique) et les sciences naturelles, non pour elles-mêmes mais comme support à l'étude de la Sainte Écriture.

Pour Saint-Victor de Paris comme pour Sainte-Croix de Coïmbre, la *Sacra Pagina* (la Bible en tant que source de savoir théologique) occupait la première place parmi toutes les sciences, le premier souci du théologien étant de dégager de l'Écriture l'enseignement destiné à fortifier la foi et à façonner les mœurs chrétiennes. « Dans l'Ancien et le Nouveau Testament, écrira Antoine, réside la plénitude de toute la science. Elle seule constitue le savoir ; elle seule fait les savants. »

Dans leurs analyses, ces écoles avaient recours aux Pères de l'Église, à Origène, Jérôme et surtout

Saint Antoine (Azulejos polychrome), cloître de Varatojo (Portugal).

Augustin, qui avait enseigné à dégager les sens de la Bible : le sens littéral et le sens spirituel, ce dernier comprenant lui-même l'allégorie (significations symbolique des mots, des événements et des images), des applications morales et des références à la vie future.

Toute l'œuvre écrite de saint Antoine est une mise en pratique de ces méthodes d'exégèse — à l'aide des étymologies, des connaissances scientifiques de l'époque, de l'expérience qu'il avait lui-même de la vie quotidienne — à l'intention des prédicateurs et des maîtres chargés d'instruire la foi des chrétiens et de réformer leurs mœurs. (Cf. un exemple de cette exégèse, p. 39.)

Les huit années passées à Coïmbre furent donc capitales pour la formation de Fernand. On constate aussi qu'il réalise en lui-même la synthèse de l'orientation théologique dictée par Saint-Victor de Paris. Il lui reste, pour être complet, une nouvelle expérience : communiquer ce savoir au peuple chrétien sur les routes d'Italie et de Provence.

Service pastoral, communautaire et caritatif

Nous avons rencontré les chanoines réguliers exerçant des activités en dehors du monastère. Ceux de Sainte-Croix sont chargés d'un certain nombre de paroisses des environs de Coïmbre. Durant son séjour, Fernand est ordonné prêtre et y exerce son ministère. De même, ici comme à Lisbonne, il se prête à tous les humbles services de la maison, puisque c'est en sa qualité d'hôtelier qu'il va faire la connaissance des Franciscains et changer complètement, et définitivement, l'orientation de sa vie.

La Bible dans les *Sermons* de saint Antoine

Dans chaque passage des *Sermons* de saint Antoine de Padoue, on observe les procédés suivants :
— l'évangile du dimanche (dans notre exemple, celui de la Transfiguration dans la traduction d'avant le Concile) offre le thème du Sermon ;
— un des premiers mots de ce même évangile, par exemple *montagne*, est mis en relation avec un mot correspondant de l'Ancien Testament, et analysé dans ses différents sens qui, à leur tour, se déploient en autant de symboles appliqués à la foi, à la vie spirituelle et morale et à l'au-delà.

« Jésus prit avec lui Pierre, Jacques et Jean, et les emmena sur une haute *montagne* », etc. (Mt 17,1).

— *Application spirituelle*

Le Seigneur parla à Moïse dans l'Exode lui disant : « Monte vers moi sur la *montagne* et demeure là ; et moi je te donnerai deux tables : la loi et les commandements que j'ai écrits pour que tu les enseignes aux fils d'Israël » (Ex 24,12).

Moïse signifie *aquatique* « sauvé des eaux » et désigne le prédicateur qui arrose les esprits des fidèles avec *l'eau de la doctrine* qui « jaillit pour la vie éternelle » (Jn 4,14).

A celui-ci, le Seigneur dit : « Monte avec moi sur la *montagne* ». La *montagne*, à cause de sa hauteur, signifie l'excellence d'une vie sainte, vers laquelle le prédicateur, après avoir quitté la vallée des biens temporels, doit *monter* à travers l'échelle de l'amour divin, et là il rencontrera le Seigneur.

D'où l'affirmation de la Genèse (22,14) : « Sur la *montagne*, Yahvé pourvoit. » C'est dans l'excellence de la vie sainte, en effet, que Dieu lui fera voir et comprendre ce qu'il doit faire pour Dieu et pour le prochain...

— *Application morale*

Les trois Apôtres (Pierre, Jacques et Jean) signifient les trois vertus de l'âme sans lesquelles personne ne peut monter sur la montagne de la lumière, et atteindre la vie sainte.

Pierre en effet signifie celui qui connaît, Jacques celui qui élimine, Jean, la grâce du Seigneur.

« Jésus prit, donc, avec lui Pierre... Prends, toi aussi, Pierre : reconnais ton péché, l'orgueil du cœur, la luxure de la chair, l'avarice du monde. Prends aussi Jacques et élimine ces vices. Écrase sous le pieds de la raison l'orgueil de ton esprit ; mortifie la luxure de la chair ; réprime la vanité du monde trompeur.

Prends aussi Jean, la grâce du Seigneur qui t'éclaire, te fait reconnaître le mal qui tu as commis et te garde dans le bien que tu as commencé... »

On aura remarqué, outre les sens symboliques, le nombre des citations scripturaires, les concordances entre l'Ancien et le Nouveau Testament, la connaissance qu'avait Antoine de l'Écriture, grâce à une mémoire exceptionnelle qui lui permettait de la retenir par cœur.

5

La rencontre avec les fils de saint François

En 1220, Fernand est âgé de vingt-cinq ans et depuis quelque temps, un nouveau souffle parcourt l'Église de Dieu, en Italie, en France et dans le reste de l'Europe, y compris le Portugal. En 1205, la conversion de François d'Assise avait entraîné à sa suite d'autres citoyens de sa ville, hommes du peuple, marchands, gens de lettres, prêtres, et tous s'étaient donnés pour mission d'annoncer partout la bonne nouvelle comme les apôtres, sans rien posséder en propre, vivant d'aumônes, partageant tout dans la fraternité, la simplicité et la joie. François leur avait donné une première règle très brève en 1209 ; puis une deuxième, plus élaborée, en 1221 ; enfin, en 1223, la règle définitive passée à la postérité.

Les premiers frères étaient arrivés au Portugal en 1217, mais pauvrement habillés et s'exprimant difficilement dans la langue du pays, ils furent mal reçus. Le premier véritable groupe s'installa définitivement en 1219, sous la conduite du frère Jean

Parenti, un juriste formé à l'université de Bologne et futur supérieur général de l'ordre.

Six de ces frères étaient venus à Coïmbre, pour s'assurer de la protection du roi avant de repartir vers les régions de l'Espagne encore occupées par les musulmans et, de là, au Maroc. Comme ils n'avaient pas encore de maison, ils furent reçus au monastère Sainte-Croix, où Fernand Martin remplissait, entre autre, l'office de portier.

La rencontre avec ces frères fut pour lui un véritable choc. Leurs habits pauvres, leur manière de se présenter, sans prétention, leur liberté de toute attache matérielle — ils vivaient uniquement d'aumônes — contrastait fortement avec la richesse du monastère où il vivait, et les abus dont il était lui-même témoin.

Son prieur, Don Jean César, en effet, issu de la noblesse et jouissant de la protection du roi, dilapidait les biens du monastère et menait une vie sans scrupules. Il fut déposé une première fois, en 1216, à la suite d'une enquête ordonnée contre lui par le pape Innocent III. Une deuxième enquête, demandée par Honorius III, en 1221, aboutissait à la conclusion suivante : « (Jean) Prieur de Sainte-Croix, avec certains de ses complices et partisans, ont dilapidé à tel point les biens du monastère qu'ils l'ont réduit à une extrême pauvreté. »

Se référant très probablement à ces événements, Antoine se montrera sévère contre de tels religieux : « Ce sont des compagnons de Judas, écrit-il. Ils donnent les biens du monastère, qui appartiennent aux pauvres, à leurs parents... Ils ne marchent pas dans la vérité de l'Évangile et mènent une vie mensongère... Tous ont en vue leurs intérêts personnels, non ceux de Jésus-Christ » (Ph 2,21) (II,42).

Rien d'étonnant qu'un sentiment de sympathie à l'égard des nouveaux frères commence à naître dans le cœur de Fernand. Mais le choc définitif se produit, lorsque les corps de ces mêmes frères sont ramenés, quelques mois après, du Maroc où ils viennent de subir le martyre.

Du témoignage des martyrs...

L'envoi en mission parmi les musulmans était implicite dans le programme de vie dicté par François d'Assise. On pouvait, en effet, pense-t-il, leur révéler la foi en Jésus Christ par d'autres moyens que par les armes. Les frères, eux, devaient donner leur témoignage, soit en confessant simplement, par leur comportement, qu'ils étaient chrétiens ; soit, si telle était la volonté de Dieu, en annonçant publiquement la Parole de Dieu (cf. Première Règle de 1221, ch. 16).

Les cinq frères partis au Maroc choisirent, eux, la deuxième méthode, et ce qui devait arriver arriva. Ils furent enfermés dans une tour, et du haut de la tour, ils continuèrent à proclamer leur foi au Christ. Pour s'en débarrasser, le miramolin Abu-Jacub les envoya à Marrakech et les confia à l'infante Don Pedro, frère du roi Alphonse II, qui leur laissa une certaine liberté. Mais eux en profitèrent pour continuer leur mission. Le miramolin pria alors Don Pedro de les renvoyer parmi les chrétiens dans leur propre pays, mais au moment d'embarquer, ils échappèrent aux gardes et s'en retournèrent dans la ville. Le miramolin tenta une nouvelle fois de les ramener à la raison, mais devant leur entêtement, il perdit patience et leur trancha la tête. C'était le 16 janvier 1220. La foule traîna leurs corps ainsi mutilés jusqu'aux portes de la ville et y mit le feu. Don Pedro put enfin obtenir, en cachette, leurs restes et les confier à Don Jean Robert, chanoine de Sainte-Croix, pour qu'il leur donne sépulture dans son monastère de Coïmbre. Ce fut un triomphe. La reine Urraca alla elle-même à leur rencontre, entourée d'une foule immense, et tous assistèrent à leur sépulture dans le cloître du monastère de Sainte-Croix, où une plaque rappelle encore aujourd'hui leur souvenir.

Nous pouvons laisser ici la parole à l'*Assidua* qui brosse en quelques lignes le changement survenu dans le cœur et dans la vie de Fernand. Un changement dû, d'après tous les biographes, au désir du martyre.

Lorsque l'Infant don Pedro ramena du Maroc les

reliques des saints martyrs franciscains... Fernand, en entendant les merveilles qui s'accomplissaient par leurs mérites... disait dans son cœur : « Oh ! si le Très Haut voulait me faire partager à moi aussi la couronne de ses saints martyrs ! Si le cimeterre du bourreau venait à me frapper moi aussi ! Aurais-je la grâce de voir cela ? Pourrais-je un jour trouver un tel bonheur ? »

Non loin de la ville de Coïmbre, en un lieu dit « Saint-Antoine », habitaient quelques Frères Mineurs qui, bien qu'ils fussent illettrés, enseignaient par leurs actes la substance des divines Écritures. Ces Frères, fidèles à la Règle de leur Fraternité, venaient souvent demander l'aumône au monastère où vivait l'homme de Dieu (Fernand).

Un jour, Fernand étant venu à l'écart, selon son habitude, pour les saluer, dit au cours de la conversation : « Frères, je désire vivement revêtir la bure de votre ordre, *du moment que vous me promettez de m'envoyer, dès que je serai des vôtres, au pays des Sarrasins; c'est que j'espère venir partager la couronne de vos Saints Martyrs.* »

Les Frères, pleins de joie, décidèrent que le lendemain on lui donnerait l'habit, coupant court à tout délai qui risquait d'être dangereux.

Un changement aussi radical d'un ordre religieux à un autre ne pouvait se faire cependant sans l'autorisation du responsable du monastère, et Don César dut être surpris par la décision de Fernand. Surpris et soulagé, car Fernand était un religieux modèle, mais trop gênant pour lui, à cause de sa droiture et de sa franchise.

Cette permission, il l'arracha (en effet) non sans peine, à force de supplications.

De bon matin, se souvenant de leur promesse, les Frères arrivèrent, et comme convenu, mirent rapidement au serviteur de Dieu, dans le monastère même, l'habit de saint François.

Au moment de quitter le monastère, ajoute le texte, un des chanoines, plein de mélancolie, lui dit : « Va, va, tu deviendras un saint !... » Et Fernand, se retournant lui répondit : « Eh bien, quand tu entendras dire que je suis devenu un saint, tu en donneras louange au Seigneur ! » En changeant d'Ordre et de demeure, Fernand change aussi de nom : désormais il ne s'appellera plus Fernand, mais Antoine, en souvenir de l'ancien ermite du désert, mais également, ajoute l'*Assidua*, « pour échapper aux recherches de sa famille, car il craignait qu'elle ne vînt faire l'assaut de l'ermitage pour le reprendre ».

... *au martyre de désir*

D'après tous les biographes, la raison qui amena Fernand à quitter les chanoines réguliers fut le martyre des cinq franciscains, et son propre désir de donner sa vie pour le Christ. Mais peut-on se lancer dans une aventure d'évangélisation uniquement pour y chercher la mort ? Et celui que tous les auteurs présentent comme un parfait imitateur du Christ et de saint François, aurait-il poussé aussi loin ce désir au point d'imposer sa volonté à ses supérieurs ? La question n'est pas sans intérêt, en effet !

La théologie du temps admettait, il est vrai, la possibilité d'un tel idéal : « Désirer la mort pour le Christ, écrit saint Bonaventure, s'exposer pour lui à la mort et se réjouir dans le combat de la mort, est un acte de charité parfaite. » C'eût été cependant folie, et même péché, observe Fernando Félix Lopes, que d'aller en Afrique dans le seul but de provoquer les colères meurtrières et sanguinaires, même si cela pouvait l'aider à parvenir plus vite au Ciel !

La motivation profonde de son départ en mission doit être plutôt recherchée dans l'amour qu'il portait au Christ et aux hommes. Cet amour le poussait à annoncer l'Évangile aux musulmans à la manière de François, par le témoignage et, si nécessaire, au risque de sa vie. Obligé à choisir entre la fidélité à sa mission et la mort, il aurait certainement opté pour cette dernière, dans un acte suprême d'amour. « O amour du Christ, écrit-il à propos du martyre de saint Pierre et de saint Paul, qui rend douces toutes choses amères ! La Passion des Apôtres fut horrible et amère, mais l'amour du Christ la leur rendit joyeuse et douce. »

De nos jours, on peut trouver un exemple de ce même esprit dans le sacrifice de Maximilien Kolbe, lui aussi franciscain. Interné dans un camp de concentration, il ne décida pas de mourir martyr, mais placé devant le choix entre sa vie et le salut d'un compagnon de captivité, il n'hésita pas à prendre sa place dans le bunker de la mort. Une fois admis chez les frères mineurs, frère Antoine ne manque pas de rappeler à ses supérieurs leur promesse de l'envoyer en mission ; il obtient donc l'autorisation voulue et, dès l'automne, s'embarque avec un certain frère Philippe, pour le pays des Sarrasins, le Maroc.

On ignore l'endroit exact où il se rendit. Le fait est qu'il ne peut pas remplir la mission de ses rêves. Une fièvre grave et tenace le tient prisonnier durant tout l'hiver — probablement une malaria dont il portera les conséquences durant les années qui lui restent à vivre —, lui interdit toute activité et l'oblige à retourner dans son pays natal, ne serait-ce, note l'*Assidua*, que pour y recouvrer la santé... Mais durant la traversée, alors qu'il était en vue des côtes d'Espagne, des vents contraires poussent l'embarcation vers les côtes de la Sicile.

Nous sommes au mois de mars 1221, au début du printemps. Antoine est de nouveau seul, et qui plus est dans un pays inconnu. La maladie et le voyage l'ont épuisé physiquement, et à cette fatigue s'ajoute le découragement devant l'échec de sa mission. Pour ses biographes cependant, tout n'est pas perdu. Dieu a pour lui un autre projet. D'autres champs d'activité l'attendent, plus féconds, plus utiles pour l'Église... Et le martyre du sang lui-même sera sublimé dans le « martyre de désir ».

« *Miroir du Portugal* »

Au terme de cette première étape de la vie d'Antoine, qui se clôt avec son entrée dans l'ordre franciscain, on ne peut s'empêcher de souligner deux points fondamentaux. C'est au cours de ses vingt-cinq ans de formation au Portugal qu'il a acquis les bases culturelles et spirituelles qui vont nourrir toute son activité future : prédication, enseignement, écrits. C'est encore de toutes les souffrances et de tous les espoirs du Portugal que son âme est lourde lorsqu'il quitte son pays pour le Maroc... et pour l'Italie, et que résume si bien Fernando Félix Lopes dans le passage suivant :

> « Il y avait, dans son âme, tout le sentiment du Portugal de la "reconquista", agrémenté des affabilités très chrétiennes de François d'Assise. Larmes versées par un peuple tout entier depuis que les Maures avaient pris possession de ses villes et de ses campagnes ; douleurs supportées, en quelques siècles, par ceux qui avaient confessé leur foi dans des martyres glorieux ; angoisses des veuves, des orphelins et des fiancées, désolées pour la perte de leur époux, père et ami, tombés dans les batailles ou retenus en captivité ; craintes sans fin, incertitudes des guerres continuelles ; folles réjouissances des jours des grandes victoires... Une telle quantité d'angoisses, de douleurs, de craintes et de joies en quelques siècles de combats avec l'ennemi sarrasin avaient accumulé dans les âmes des Portugais un sentiment intense et exquis. Ce sentiment s'agitait dans le cœur de frère Antoine, mêlé aux tendresses

et aux bontés du Poverello d'Assise, et poussait son esprit vers une agréable mission de Paix et de Bien » (p. 109).

Généalogie des Rois du Portugal de 1128 à 1325

1. Le premier roi du Portugal, Alphonse Henriques, issu du mariage du comte Henri de Bourgogne (ancien croisé) avec Dona Thérèse, fille d'Alphose VI, roi de Léon, régna de 1127 à 1185. Il eut onze enfants, dont sept légitimes et quatre bâtards.

2. Sancho Ier, fils d'Alphonse Henriques, régna de 1185 à 1198 (époque de la naissance de saint Antoine) et eut dix-neuf enfants, dont onze légitimes et huit bâtards.

3. Alphonse II, fils de Don Sancho Ier, régna de 1198 à 1223 (durant l'enfance, l'adolescence et la formation de saint Antoine à Lisbonne et à Coïmbre). Il eut cinq enfants. Son frère, Don Pedro, s'occupa de protéger et de rapatrier les cinq Frères Mineurs tués au Maroc ; et sa femme, Dona Urraca, organisa leur sépulture solennelle à Coïmbre, alors capitale du royaume.

4. Sancho II, fils d'Alphonse II, régna de 1223 à 1248, mais ne laissa pas de successeurs. Déposé par le pape, il fut remplacé par son frère, Alphonse III.

5. Alphonse III, fils d'Alphonse II et frère de Sancho II, régna de 1248 à 1279.

6. Denis le Libéral, deuxième fils d'Alphonse III, dit « le roi laboureur », régna de 1279 à 1325. C'est sous son règne que fut créée l'université de Lisbonne (1290), transférée à Coïmbre en 1308.

(D'après Joaquim Veríssimo, *Historia de Portugal*, Lisbonne, 1977.)

Saint Antoine par Le Greco (1541-1614) Madrid, musée du Prado.

II

Au service de l'Évangile en France et en Italie

1
De l'oubli à la mission

Débarqué sur les côtes de la Sicile, Antoine se trouve dans la situation de celui qui, ayant tout perdu, est seul face à l'inconnu. Il avait rêvé d'égaler les premiers martyrs franciscains, et il est obligé de s'en retourner les mains vides. Il avait passé près de trente ans dans son pays, à l'aise avec sa propre culture, ses maîtres, et le voici dans un pays dont il ignore tout, la langue, les coutumes, les gens, la géographie, l'histoire. Il était parti dans la vigueur de ses forces physiques, et le voici épuisé par la longue maladie et le voyage en mer. Heureusement, il a encore en lui suffisamment de ressources morales pour reprendre le dessus et repartir. Par ailleurs, des chemins nouveaux, insoupçonnés, vont s'ouvrir devant lui, tracés par la main invisible de Dieu.

En route vers Assise

A Messine, où il vient de débarquer, les frères l'accueillent et lui prodiguent les soins dus aux malades. On doit, enseignait François, servir les frères qui sont dans le besoin comme on voudrait être servi soi-même. « Si une mère nourrit et chérit son fils selon la chair, avec combien plus d'affection chacun ne doit-il pas aimer et nourrir son frère selon l'esprit ! »

Vers le début du mois de mars, en effet, une bonne nouvelle arrive au couvent de Messine : François, de retour de Terre Sainte, va réunir tous les Frères à Assise, à la fin du mois de mai, pour la fête de la Pentecôte. Remis de ses fatigues et réconforté par cette nouvelle, c'est « avec effort », note l'*Assidua*, qu'Antoine se met en chemin, avec les autres frères, pour rejoindre Assise.

A l'époque, les chapitres franciscains réunissaient chaque année tous les frères, y compris les novices nouvellement arrivés. Plus tard, lorsque les frères seront plus nombreux et de plus en plus éloignés, les assemblées de frères ne réuniront plus que ceux d'une même région ou d'une même province.

Antoine et les frères de Messine parcourent environ 600 km en un mois, alternant des étapes de 25-30 km et des journées de repos. Au fur et à mesure qu'ils avancent, d'autres se joignent à eux jusqu'à former une foule de 5 000 frères.

A Assise, ils campent dans la plaine, autour de la petite église de Notre-Dame des Anges, berceau de l'Ordre, et s'abritent sous des tentes formées de joncs et de nattes tressées (d'où le nom de

« chapitre des nattes » donné à ce rassemblement). Pendant sept jours, sous la conduite du frère Elie de Cortone, ministre général — François se tenant à ses pieds comme un simple religieux — les frères alternent chants, prières et travail, car de cette assemblée doit sortir le texte de la Règle à soumettre au pape. Dominique de Guzman, ancien Chanoine régulier, fondateur de l'ordre des Frères Prêcheurs et grand ami de François, est également présent.

« Mes fils, répète souvent François, nous avons promis de grandes choses, bien plus grandes sont celles que Dieu nous a promises.

« Bref est le plaisir du monde, mais la peine qui le suit est sans fin. Légères sont les peines de cette vie, mais la gloire dans l'autre est éternelle.

« Que nul de vous ne se fasse des soucis pour le manger ou pour le boire, attachez-vous seulement à prier et à louer Dieu... »

La vue de cette multitude, la présence de François, l'ambiance de fraternité qui y règne réconfortent grandement Antoine qui ne rêve plus que de mieux connaître l'esprit et la pratique de sa nouvelle forme de vie.

Au terme de la réunion, lorsque tous les frères s'éloignent pour rejoindre leur nouvelle destination et leur nouveau travail, Antoine ne trouve personne pour l'accueillir. Aucun frère du Portugal ni d'Espagne n'est présent et personne ne s'occupe de lui. Resté seul, il est laissé aux mains du ministre général.

Mais Antoine a tout de même un désir : se retirer quelque temps dans le silence et la solitude, pour méditer les paroles de François et apprendre « les rudiments de la formation spirituelle ». Respectueusement, il prend à part le frère Gratien, provincial de Romagne, dont la sainteté de vie lui a inspiré confiance, et le supplie de le recevoir dans une de ses communautés. Gratien lui demande s'il est prêtre. Frère Antoine répond « oui », sans faire aucun état de ses études antérieures, ni de sa culture, ni du ministère ecclésiastique qu'il a déjà exercé. Il ajoute seulement : « Je veux *connaître, rechercher, et embrasser le seul Jésus crucifié*. » Frère Gratien admire sa modestie, l'écoute avec intérêt et accepte de l'emmener avec lui.

Le temps du désert

Parmi les couvents de la province de Romagne qui s'étendait de Bologne et Ferrare jusqu'à Forlì et Ravenne, il y avait un ermitage, dans le lieu dit Montepaolo, situé sur les contreforts des Apennins, face à la plaine du Pô. Six frères y vivaient selon la *Règle pour les ermitages*, dictée par François en 1218, alternant la pratique de la vie commune — messe, récitation de l'office, repas, entretien des lieux — et des moments de solitude, dans un « enclos » prévu à cet effet. Parmi les frères, en effet, les uns, avait dit François, feront fonction de « mères », et s'occuperont de la bonne marche de la maison, comme Marthe dans l'Évangile, tandis que les autres, les « fils », s'adonneront, comme sa sœur Marie, à la prière et aux pratiques de pénitence.

Ces « déserts franciscains », comme on les appelait, n'étaient pas, comme ceux des anciens anachorètes, une fuite du monde, mais une manière de vivre la contemplation et la vie commune, à la manière des Apôtres et suivant le conseil évangélique : « Cherchez d'abord le royaume de Dieu et sa justice » (Mt 6,33). Cette expérience de « désert » et de vie en ermitage demeure valable encore de nos jours.

Les frères de Montepaolo, apprenant qu'Antoine était prêtre, demandent à Frère Gratien de l'envoyer dans leur communauté pour la célébration des offices liturgiques. A ce moment-là, en effet, il y avait très peu de prêtres dans l'ordre franciscain, soit parce que beaucoup de Frères n'avaient pas fréquenté d'écoles avant leur entrée dans l'ordre, soit parce qu'ils voulaient suivre l'exemple de François qui demeure simple diacre toute sa vie.

Ainsi, insensiblement et grâce à un concours de circonstances souvent attribuées à un dessein de la Providence, Antoine retrouve sa voie en renouant avec l'étape qui avait précédé son départ pour le Maroc, la vie de recueillement et de silence dans l'ermitage d'Olivais.

Mais ici, c'est pour repartir vers de nouvelles aventures !

La nouveauté franciscaine

Dès son arrivée à l'ermitage de Montepaolo, Antoine découvre une grotte qu'un frère s'est aménagé pour ses moments de recueillement. Il la trouve fort appropriée à ses dévotions, il la demande au frère et l'obtient sans difficulté.

> Ainsi, raconte l'*Assidua*, « chaque jour, après avoir satisfait au devoir de la prière communautaire du matin, il s'y retire, apportant avec lui un petit bout de pain et une écuelle d'eau. Il passait ainsi ses journées dans la solitude, forçant la chair à servir l'esprit. Plus d'une fois, quand il s'apprêtait à rejoindre les autres, au son de la cloche, épuisé de veilles et harassé par le jeûne, il trébuchait sur le chemin et, incapable de tenir debout, il s'abattait par terre... et s'il n'avait été soutenu par ses frères (c'est un témoin qui raconte) il n'aurait jamais pu rejoindre le couvent. »

Amoureux de la solitude, Antoine est aussi présent à tous les actes prescrits par la Règle, prend part aux réunions des Frères et partage avec eux les différentes tâches de la maison : vaisselle après les repas, balayage, menus services quotidiens, voulant être en tout semblable aux autres frères.

Plus avant l'*Assidua* se demandera comment un homme aussi cultivé, « dont la mémoire servait de bibliothèque », et qui pouvait parler des sujets les plus élevés avec une grande facilité de parole, a pu mener une vie si simple et remplir des tâches aussi humbles, prendre l'apparence d'un homme inculte.

La halte de Montepaolo permet à Antoine d'assimiler l'esprit et la forme de vie des Frères Mineurs que les événements ne lui ont pas encore donné l'occasion d'approfondir, et qui transparaissent dans ces quelques passages de l'*Assidua*.

On a cherché, dans les *Sermons* de saint Antoine, les traces d'une spiritualité franciscaine, et l'on s'est étonné de n'y trouver aucune allusion explicite à saint François, ni à ses écrits, ni à la règle franciscaine. En réalité, c'est tout l'esprit de François qui est venu se greffer sur sa formation antérieure de souche augustinienne, en imprimant un dynamisme et des orientations nouvelles à sa spiritualité, à sa prédication et à sa théologie. Nous parlerons plus loin des deux dernières ; arrêtons-nous un instant à sa spiritualité.

Chez les chanoines réguliers, l'humilité était la « mère » de toutes les vertus, en particulier de la pauvreté et de la charité ; et les moments de prière alternaient avec les multiples activités à l'intérieur et à l'extérieur du monastère. Pour François d'Assise, l'idéal n'est pas la hiérarchie des vertus, mais la conversion, la transformation de soi-même à l'image du Christ pauvre et souffrant. C'est donc la pauvreté qui est première, suivie de la pénitence, de l'humilité et de la fraternité, vécues dans la simplicité et la joie. Voyons par quelques rapprochements tout simples, comment cet esprit de François est présent dans les écrits et dans la vie d'Antoine.

— *La pauvreté.* Le vrai pauvre, selon Antoine, se contente du minimum, désire le minimum, parce qu'il aspire à posséder la richesse de la vie éternelle. Cette espérance le conduit à supporter le poids du jour et de la chaleur, à porter des vêtements austères et grossiers.

Cette pauvreté, il la pratique en renonçant à l'héritage paternel, en voyageant sans cesse sans jamais rien posséder en propre, en s'habillant pauvrement. Elle le rend libre pour dénoncer la misère des pauvres et de condamner les abus des riches à leur égard. « Ce n'est pas sans grande douleur, écrit-il, que nous citons les attitudes des prélats de l'Église et des grands de ce monde : ils font attendre longtemps les pauvres du Christ qui se tiennent en pleurant à leur porte et demandent l'aumône, pour leur envoyer enfin, après avoir bien mangé (et bien bu), les restes de leur table et les lavures de vaisselle... »

Rien d'étonnant qu'il soit devenu, dans sa vie et après sa mort, l'ami des gens sans défense.

— *L'humilité.* Elle reste, comme auparavant la mère et la racine de toutes les vertus. Mais il se sent plus à son aise dans les humbles services de Montepaolo que dans la prestigieuse communauté de Sainte-Croix de Coïmbre. Par son humilité, Julien de Spire le désigne comme le parfait imitateur de François.

— *La pénitence* et la conversion étaient les maîtres-mots de François d'Assise. Antoine les vit à Montepaolo en maîtrisant son corps et en se privant de sommeil et de nourriture. Il les enseigne dans ses *Sermons* lorsqu'il écrit : « Le vrai pénitent est le pauvre en esprit, l'indigent, qui se fait, avec le Christ, obéissant jusqu'à la mort. »

— *La simplicité.* Antoine est issu d'une famille fortunée et respectable, il sort avec les titres de maître et de théologien de Sainte-Croix de Coïmbre, mais il choisit de vivre dans la simplicité, avec les plus humbles. « Dieu, écrit-il, a appelé à sa suite les simples. Il a choisi ce qui dans le monde est inapte et fragile, faible et méprisable pour appeler les sages, les forts et les nobles, afin que personne ne puisse se glorifier en lui-même mais en celui qui, à Nazareth, fut soumis à ses parents. »

— Enfin *l'action et la contemplation* ponctuent les étapes de sa vie — dans la solitude d'Olivais, à Montepaolo, aux Grottes de Brive, à Camposampiero — comme elles ont ponctué celle de François, dont il a l'exemple constant sous les yeux. Parlant de l'échelle de Jacob, il écrit :

« Montez donc, anges, prélats de l'Église et fidèles de Jésus-Christ ; montez, je dis, pour contempler combien doux est le Seigneur ; et redescendez pour secourir et consoler le prochain, car c'est de cela qu'il a besoin. »

La révélation de Forlì

Une lampe si lumineuse ne pouvait rester longtemps cachée sous le boisseau ; une ville plantée sur une si haute montagne ne pouvait passer inaperçue. Ces images extraites de l'*Assidua* expliquent l'effet extraordinaire produit par la conférence donnée par Antoine à Forlì.

C'était le 24 septembre 1222, Quatre-Temps d'automne et jour d'ordinations sacerdotales. Tous les frères de la province de Romagne étaient réunis. Avec eux se trouvaient des frères de l'ordre de Saint-Dominique.

Au moment fixé pour la conférence spirituelle, le supérieur s'adresse d'abord aux Dominicains, en leur qualité d'invités et de prédicateurs éprouvés, mais, raconte l'*Assidua*, « ils se dérobèrent l'un après l'autre sous prétexte qu'il ne leur était ni possible ni permis d'improviser sur un sujet aussi important que la parole de Dieu ». Le supérieur se tourne alors vers Antoine et lui donne l'ordre de dire « tout ce qui lui serait suggéré par l'Esprit Saint ».

Ce supérieur avait-il eu quelques indices de la science d'Antoine ? Il l'avait entendu prononcer quelques phrases en latin. Antoine lui-même savait manier avec beaucoup d'à-propos les textes et les livres liturgiques, mais il n'avait rien laissé transparaître de sa connaissance des Écritures... En fait, la réalité va dépasser toutes les prévisions ! Antoine oppose d'abord quelque résistance, puis se plie à l'ordre de son supérieur et à la volonté des présents qui le réclament « à grands cris », et commence à parler.

Ce sont d'abord des paroles simples, puis des arguments bien enchaînés, clairs, convaincants, extraits de l'Écriture, des Pères de l'Église, des sciences naturelles, des philosophes. Bref un discours dans les règles de l'art, adapté aussi bien aux plus incultes qu'aux plus savants, comme le voulait François.

Les frères n'en reviennent pas ! « Ils le savaient capable de laver la vaisselle, dit l'*Assidua*, mais non d'exposer les arcanes de la Sainte Écriture ! » Ils l'écoutent donc attentivement, d'abord étonnés, puis admiratifs, enfin convaincus d'avoir parmi eux un frère docte, capable de répondre aux problèmes pastoraux urgents qui se posaient dans la région. Heureux et fiers, ils félicitent en chœur le frère qui sait si bien allier science et modestie.

2
Prédicateur à Rimini, enseignant à Bologne

A partir de ce moment, les choses vont très vite pour frère Antoine. Son provincial, le Frère Gratien, aussitôt informé de l'événement, le nomme, vers la fin du mois de septembre, prédicateur pour toute la région de la Romagne. Cette nomination représente un lourd sacrifice pour Antoine qui doit abandonner la paix du silence pour affronter le public. Sa vie va prendre une tout autre direction, mais il est prêt, par obéissance, à assumer ce service.

La manière dont est faite sa nomination est également révélatrice de la tâche difficile et importante confiée aux prédicateurs. Ceux-ci étaient choisis par les responsables hiérarchiques, parmi des hommes capables, « puissants en œuvres et en paroles », selon les directives du IVe concile de Latran. Trop nombreux étaient en effet, à l'époque, les clercs et les laïcs qui s'attribuaient cette mission sans la préparation théologique nécessaire, ou pour propager des erreurs en s'opposant aux évêques, ou tout simplement dans un but lucratif. Si on en croit le tableau dressé par Antoine lui-même, leur témoignage allait franchement à l'encontre de celui de l'Évangile. « Hélas ! je ne peux pas parler d'un gérant mais d'un voleur, d'un loup qui dissipe le bien qui lui a été confié, disait-il en commentant la parabole du gérant habile (Lc 16, 1-4). Le prélat de l'Église est... un ours affamé de proie qui dépouille le peuple qui est pauvre. Avec le mauvais exemple de sa vie, il chasse ses sujets... Combien, à cause du mauvais exemple des prélats, ne méprisent-ils pas la foi et se tournent vers les hérétiques... Garde donc tes troupeaux, afin que si quelqu'un est infecté de la maladie de l'hérésie et du schisme, il n'infecte pas les autres. »

Mais qui étaient ces hérétiques et ces schismatiques vers lesquels allaient les chrétiens mécontents de leur clergé et de leur propre Église ?

Vaudois, Cathares et Albigeois

Depuis quelques décennies, des mouvements de réforme prêchent le retour à la pauvreté et à l'esprit de l'Évangile. En 1170, Pierre Valdès de Lyon avait vendu tous ses biens et, avec des disciples, s'était mis à prêcher la pauvreté évangélique dans les rues et sur les places publiques. A Lyon, dans le Dauphiné, en Languedoc, en Provence et en Italie du Nord, il s'en prenait aux richesses, et tout particulièrement à celles de l'Église. En plus, ces prédicateurs n'étaient pas prêtres. Le concile de Latran III les avait autorisés à prêcher, mais les évêques s'y opposèrent en raison des erreurs qu'ils propageaient. Leur marginalisation favorisa, du même coup, la prolifération du mouvement.

Presque à la même époque, réapparaissent, en Italie et dans le sud de la France des groupes qui ressuscitent les anciens courants gnostiques et manichéens, déjà combattus par Irénée, au IIe siècle, et par Augustin au Ve. Le gnosticisme affirme que l'homme peut atteindre son salut par la connaissance des secrets de Dieu et du monde, hérités de la création, transmis par les grandes religions, et révélés aux privilégiés dûment initiés.

Le manichéisme propose une réponse au problème du Mal en l'attribuant à un Principe du Mal, opposé à Dieu, principe du Bien. Le Mal s'étant incarné dans la Matière, celle-ci est foncièrement mauvaise et en opposition radicale à l'Esprit. L'effort de l'homme consistera donc à se libérer de la matière par une vie austère, le jeûne, l'abstinence de toute œuvre de chair, y compris dans le mariage. Ceux qui atteignent cette libération sont dits « parfaits », « évêques » de la secte, mais tous peuvent, durant leur vie ou au moment de la mort, recevoir le « *consolamentum* », la consolation, le nouveau baptême qui purifie.

Les adeptes de ce mouvement reçurent le nom

de *Cathares*, d'un mot grec qui signifie « purs », ou d'*Albigeois*, du nom de la ville d'Albi, d'où ils rayonnèrent dans tout le Languedoc et la Provence, et encore de *Patarins*, dans les régions de l'Italie du Nord et en Romagne précisément.

De tels mouvements représentaient un danger considérable pour l'unité et la foi des fidèles, en raison des divisions qu'ils engendraient et des erreurs théologiques et morales qui en étaient le support. En effet, si un principe du Mal, égal à Dieu, préside à la matière et au Mal, Dieu n'est plus l'unique Créateur du monde, le dogme de la Trinité n'a plus de sens, l'Incarnation devient absurde, les sacrements, où la matière est un élément indispensable, sont rejetés. Par ailleurs, la nécessité d'être parfait entraînait une rigueur morale qui contrastait avec les comportements des hommes d'Église et attirent les sympathies de ceux qui cherchaient, en dehors d'elle, des points de repères plus conformes, à leur avis, à l'Évangile.

De là, deux Églises opposées et rivales : « L'une, la bonne, la cathare, l'Église de Jésus-Christ ; l'autre, la mauvaise, l'Église romaine, désignée comme la mère des fornications, la grande Babylone, la courtisane et la basilique du diable, la synagogue de Satan. » De là aussi les accusations réciproques, les calomnies, le prosélytisme effréné, les factions politiques, bref, le scandale des divisions au sein de l'Église avec grand dommage pour son unité : « La tunique de Jésus-Christ, sans couture et tissée d'une seule pièce (cf. Jn 19,23), écrit Antoine, c'est la foi, l'unité de l'Église, que les hérétiques, les faux chrétiens et les simoniaques (qui trafiquent les choses spirituelles) cherchent à diviser : les hérétiques méprisent l'obéissance à l'Église du Christ ; les faux chrétiens ont « vieilli dans le mal » (Dn 13,52) ; les simoniaques font disparaître la valeur de la dignité ecclésiastique en l'achetant avec de l'argent » (II, 210).

La prédication franciscaine

Dans l'Église, la réaction à ces courants hérétiques revêtit des formes différentes. La première méthode visait à réformer l'Église de l'intérieur, en ramenant pasteurs et fidèles à la pratique de l'Évangile. Le pape Innocent III chercha à la promouvoir en réunissant le IVe concile de Latran (1215) qui prit des dispositions pour l'instruction et la préparation pastorale du clergé ; et il favorisa les ordres religieux naissants des Dominicains et des Franciscains, qui prônaient des réformes, mais dans l'union au pape et aux évêques. On se souvient de la fresque de Giotto représentant François en train de soutenir la basilique de Latran, menacée de ruine...

La deuxième méthode fut l'inquisition...

Entre les deux, François s'inspirant de l'Évangile et des Apôtres, avait réinventé le style de prédication itinérante, de ville en ville, populaire, de maison en maison, universelle, adressée à tous, croyants et « infidèles », bon et mauvais, catholiques et hérétiques. Elle annonçait les vérités à croire et les vertus à pratiquer, par des discours brefs et des paroles simples et claires.

Saint Antoine prédicateur (Azulejos polychrome), chapelle de Penedo, Sintra (Portugal).

Avec le temps cependant, au fur et à mesure que les frères eurent à affronter des hérésies et des schismes, dans les différentes régions d'Italie et d'Europe, on éprouva le besoin de former des prédicateurs compétents et capables de mener les débats, de dévoiler les sophismes et de tirer de l'Écriture des arguments susceptibles d'émouvoir et de convaincre.

C'est dans un tel contexte qu'Antoine est appelé à travailler : « On lui confia la charge de prédicateur, raconte l'*Assidua* ; soutenu par l'autorité qui l'envoyait en mission, il mit tout son zèle à remplir ses devoirs de prédicateur au point de mériter le nom d'"Évangéliste", à cause de l'intense labeur qu'il déployait. »

Mais quelles sont ses méthodes ? quels sujets aborde-t-il avec les Cathares ? quels résultats en obtient-il ?

La réponse à ces questions se heurte à la manière dont les sources présentent son histoire, peu soucieuses de chronologie, vagues dans les localisations, davantage préoccupées de brosser un portrait d'Antoine fidèle aux critères de sainteté de l'époque que de nous donner un récit ordonné des événements. Ainsi l'auteur de l'*Assidua* résume-t-il les lieux, les méthodes et le contenu de la prédication d'Antoine en Romagne en ces termes :

> « Il allait de villes en villages, châteaux, campagnes, semant partout la parole de vie. (A

Rimini) lui qui n'avait pas appris les sophismes des philosophes, il sut réfuter, avec plus d'éclat que le soleil, les affirmations tortueuses des hérétiques... Sa parole vigoureuse et sa doctrine plantèrent dans les cœurs de ses auditeurs des racines si profondes que le venin de l'erreur fut évacué, et qu'une foule de croyants se rapprocha loyalement du Seigneur... Sa parole réussissait à communiquer une onde de grâce à ceux qui l'entendaient. Les plus âgés s'émerveillaient qu'un homme si modeste sût si bien adapter à des savants les réalités spirituelles ; les plus humbles s'étonnaient en voyant avec quelle adresse il déracinait les causes et les occasions de péché. Des hommes de toutes conditions, classes et âges se réjouissaient d'avoir reçu de lui des enseignements appropriés à leur vie »...

Mais la même *Assidua* saute tranquillement toute la période qui court entre l'automne 1222 et le printemps 1230, de la prédication à Rimini à sa mission auprès du pape et son dernier carême à Padoue, et s'en tire par cette pirouette : « Comme il serait trop long de raconter toutes les provinces qu'il a parcourues, toutes les parties de la terre qu'il a ensemencées de la parole divine, venons-en tout de suite aux événements qui se présentent comme les plus significatifs et qui offrent les preuves évidentes de la grandeur du Frère Antoine. »

Fort heureusement, d'autres nous livrent des informations qui permettent de reconstituer cette période, notamment durant son séjour en France.

A Rimini, face aux Cathares

Pendant près d'un an, Antoine parcourt donc la Romagne et fait face aux Cathares.

Nous ne possédons pas ses discours tels qu'il les a prononcés. Ses écrits offrent cependant bien des exemples qui éclairent sa manière de convaincre ses auditeurs, pour les « rapprocher du Seigneur ». En voici une petite gerbe.

— *Ancien et Nouveau Testament.* Ainsi, par exemple, les Cathares opposaient-ils l'Ancien Testament, comme venant du principe du Mal, au Nouveau, œuvre du principe du Bien ? Antoine, lui, les relie constamment, à travers les passages parallèles, parce qu'ils constituent ensemble « la seule vraie science qui apprend à aimer Dieu, à mépriser le monde (qui passe) et à assujettir la chair (à l'esprit) ». C'est le même Verbe de Dieu qui parlait aux pères par les prophètes et qui est dans la réalité de l'Incarnation. » Dieu les a en effet sagement disposés, dira le concile Vatican II, « de telle sorte que le Nouveau soit caché dans l'Ancien et, dans le Nouveau, l'Ancien soit dévoilé » (*Dei Verbum*, n° 16).

— *La Vérité.* Les Cathares — et les mauvais prédicateurs — trompaient les simples fidèles par des raisonnements tortueux et des mensonges. Antoine, lui, utilise un langage simple et direct, et ne peut tolérer le mensonge : « Le Christ a dit :

« *Je suis la vérité* » (Jn 14,6). Celui qui prêche la vérité confesse le Christ ; celui qui le tait, le renie. » Et encore : « La vérité, dit-on, engendre la haine. Certains, pour ne pas encourir la haine des autres, voilent leur bouche du manteau du silence... O prédicateurs aveugles, qui vous exposez à la cécité de l'âme parce vous craignez de scandaliser ceux qui comme vous sont des aveugles ! »

— *La foi en l'eucharistie.* Les Cathares niaient les sacrements, surtout l'eucharistie. Antoine leur oppose le dogme chrétien dans des raccourcis d'une grande clarté : « Aujourd'hui, dit-il, à propos de la Cène du Seigneur, Jésus prépare pour tous les peuples qui croient en lui, un banquet de mets délicieux... Ce que l'Église fait aujourd'hui est vraiment son corps... celui que la Vierge a engendré, qui a été suspendu à la croix, mis au tombeau, qui est ressuscité le troisième jour et monté à la droite du Père. C'est ce corps-là qu'il donne aujourd'hui aux Apôtres, que l'Église confectionne et distribue chaque jour à ses fidèles. O charité de l'Etre aimé ! O amour de l'époux pour son épouse, l'Église ! »

Du reste, parmi les pratiques chrétiennes qui accompagnent la prédication d'Antoine, la pénitence et la confession occupent une place de choix, et au cours des ses pérégrinations, en France et en Italie, il passera lui-même des heures à confesser, au terme de journées exténuantes de prédications et de rencontres. On a voulu souligner par un miracle, célèbre entre tous, à quel point ses confessions étaient efficaces.

Dans un excès de colère, un jeune homme vient de frapper gravement sa propre mère, mais une fois rentré chez lui, il regrette fortement son péché et prenant une hâche, coupe le pied qui a osé commettre un tel crime. La mère entend ses cris désespérés et court vite trouver frère Antoine qui, après avoir demandé l'aide du Seigneur, rattache le pied du jeune homme.

Pour résumer, la légende *Benignitas* décrit ainsi les fruits de la prédication d'Antoine : « Éclairé depuis quelque temps déjà de la sagesse divine, le serviteur du Christ mettait tellement à découvert les artifices de ces petits renards dévoilant les astuces des mensonges diaboliques, blâmait si fortement les hérésies abominables et inouïes, que, comme il l'affirmait publiquement lui-même, il n'y avait en ce temps-là sur toute la terre, personne qui provoquât une telle tempête de persécutions contre l'hérésie. A tel point qu'avec une expression devenue usuelle partout, il était appelé « Marteau des hérétiques ». C'est une appellation que méritèrent, d'ailleurs, saint Augustin, saint Bernard, Isidore de Séville, Thomas d'Aquin, et tant d'autres.

Le sermon aux poissons, Pietro Annigoni, 1981,
Chapelle Sainte-Catherine à Padoue.

Le Sermon aux poissons

Le culte et l'iconographie d'Antoine ont retenu, de son séjour à Rimini, le célèbre *Sermon aux poissons*.

La scène est racontée dans les *Fioretti de saint François* et traduit, sous les traits du prodige et du merveilleux (poissons qui accourent tous à son appel, réactions humaines des animaux, conversion massive des hérétiques), la communion de frère Antoine avec la nature et le refus que les hérétiques opposent à sa parole. Pour ses admirateurs posthumes, en effet, un tel refus ne peut venir que de l'aveuglement de ses auditeurs.

> Un jour, saint Antoine s'en alla à l'embouchure du fleuve au bord de la mer ; et se tenant sur la rive, il commença par dire aux poissons de la part de Dieu : « Écoutez la parole de Dieu, vous,... puisque les infidèles hérétiques refusent de l'entendre. » A peine eut-il ainsi parlé qu'il vint aussitôt vers lui une telle multitude de poissons, grands, petits et moyens, que jamais dans toute cette mer et ce fleuve on n'en avait vu une si grande quantité ; et tous tenaient la tête hors de l'eau et demeuraient attentifs tournés vers le visage de saint Antoine, tous en très grande paix, en très grand calme, en très grand ordre...

Antoine les invite à remercier Dieu de les avoir créés, sauvés du déluge, dotés de nageoires pour se promener librement dans l'eau, multipliés et choisis comme nourriture par Jésus après sa résurrection...

A ces paroles, poursuivent les *Fioretti*, les poissons commencèrent à ouvrir la bouche et à incliner la tête, et par ces signes de respect et d'autres encore, ils louaient Dieu comme il leur était possible...

La vue du prodige ôte toute hésitation de l'esprit des hérétiques et tous, le cœur touché de componction, se jettent aux pieds d'Antoine pour entendre sa prédication...

Une vraie conversion est rapportée, en revanche, par l'*Assidua*, celle de Bononillo. Cet hérétique vivait, depuis trente ans, « dans les abîmes de l'incroyance. Le Seigneur, par le truchement de son serviteur Antoine, le remit sur le chemin de la vérité ; et lui, ayant reçu sa pénitence, devint sincèrement obéissant aux commandements de la Sainte Église et le demeura jusqu'à la fin de ses jours ».

Antoine, directeur d'études à Bologne

Antoine ne fut pas seulement un prédicateur à succès, mais aussi un directeur d'études et un professeur de théologie.

Les écoles de formation pour les religieux auprès des couvents étaient courantes à cette époque. Dans l'ordre franciscain, elles posaient cependant un double problème : par rapport aux études elles-mêmes et par rapport à la pauvreté. La préparation intellectuelle du frère Antoine et sa solide formation spirituelle contribueront à les résoudre.

François d'Assise était-il opposé aux études et ennemi des savants, comme on l'a souvent prétendu ? La réalité semble bien différente. François pensait, en effet, à la suite d'ailleurs de saint Paul, que la science enfle et que l'amour seul édifie (cf. 1 Co 8,1). Il craignait que les structures nécessaires aux études — livres, locaux, maîtres — ne nuisent à la pauvreté ; et surtout que ceux qui s'adonneraient aux études ne deviennent orgueilleux, oubliant l'humilité et la simplicité. C'est pourquoi, aux savants orgueilleux il préférait de beaucoup les illettrés charitables, tout en recommandant dans son *Testament* de « vénérer les théologiens, et ceux qui nous communiquent les très saintes paroles de Dieu ».

Par ailleurs, la nécessité de faire face aux courants hérétiques et ne pas exposer les frères aux humiliations et au mépris par manque de culture avait bien été perçue par François : « Vous rencontrerez, disait-il aux frères, des hommes fidèles, doux et bienveillants qui accueilleront vos paroles avec joie ; mais vous en rencontrerez d'autres, plus nombreux... qui, avec des reproches, vous résisteront à vous et à vos paroles. » Et il poursuivait : « D'ici peu de temps, beaucoup de sages et de nobles viendront nous rejoindre ; ils seront nos compagnons pour prêcher aux rois, aux princes et à de nombreux peuples... »

Parmi ces sages et ces nobles, il y eut, dès les débuts de l'ordre, des juristes, comme Jean

Parenti ; des architectes, comme Élie de Cortone ; des écrivains, comme Thomas de Celano ; des lettrés et des musiciens, comme César de Spire... des théologiens et des prédicateurs, comme Antoine de Padoue...

En 1219, le provincial de Romagne, Jean Strachia, avait fondé une maison d'étude à Bologne, déjà célèbre pour son université, mais cette fondation n'avait pas plu à François, parce qu'elle avait été créée sans son autorisation et impliquait des structures contraires à la pauvreté.

La rencontre des deux hommes dissipa toute crainte. Mis au courant de ses succès, François d'Assise vit en lui l'homme qui savait concilier science et prière et, probablement sur les insistances du cardinal Hugolin, le futur pape Grégoire IX, l'autorisa à fonder et à diriger une maison d'étude à Bologne, par ce court message signé de sa main : « Il me plaît que tu enseignes aux frères la sainte théologie, à condition qu'en te livrant à cette étude *tu n'éteignes pas en toi l'esprit de prière et de dévotion*, ainsi qu'il est marqué dans la Règle. »

Antoine fut ainsi le premier enseignant dans les écoles de l'ordre. Celle de Bologne fut suivie par celles de Paris, d'Oxford et de Magdebourg et Antoine lui-même enseignera à Montpellier, à Toulouse, à Padoue. De ce premier mandat officiel de François naîtra également l'École franciscaine avec ses grands maîtres Alexandre de Hales, Saint Bonaventure, Duns Scot et bien d'autres.

3

En France : Montpellier, Toulouse, Limoges

Antoine dut quitter l'école de Bologne et la prédication en Romagne pour exercer cette même activité missionnaire dans le Midi de la France.

Là, comme en Italie du Nord, les mouvements hérétiques avaient envahi le Lauragais et le Razès entre Carcassonne et Toulouse, ainsi que la région d'Albi, de Béziers, du Puy et de Limoges.

Pour arrêter les progrès de l'hérésie, on eut d'abord recours aux moyens pacifiques. Des moines cisterciens essayèrent de ramener la région de Toulouse et de Carcassonne à l'orthodoxie par des prédications et des conférences contradictoires ; vers 1205, Diègue, évêque d'Osma et son compagnon, Dominique de Guzman, entreprirent de combattre les « parfaits » en ramenant les chrétiens à la pratique sincère de l'Évangile, mais en 1209, jugeant ces méthodes insuffisantes, le pape Innocent III organisa la croisade qui, après maints succès et défaites de part et d'autre, prit fin qu'avec la cession du comté de Toulouse au royaume de France. En décembre 1223, le pape Honorius III

Le novice rapporte le Psautier volé (gravure, Andreas Matth. Wolffgang, 1660-1736).

faisait appel au roi de France, Louis VIII (1223-1226), et se plaignait qu'« à l'intérieur des frontières de son royaume, dans la région d'Albi notamment, les hérétiques attaquent ouvertement et avec insolence l'Église, ruinent la foi catholique et aillent jusqu'à se moquer du Sauveur lui-même ». Ce fut à la suite de cet appel que François, attaché à la France par de multiples liens culturels et affectifs, demanda à Antoine de se rendre dans le Midi de la France pour y ranimer la foi des communautés, mise à mal par les mêmes mouvements hérétiques qu'il avait combattus dans la région de Rimini.

La première étape qui conserve encore le souvenir de son passage est Montpellier, ville universitaire. Comme à Bologne, Antoine y fonde une école pour les frères et se consacre à la prédication. C'est dans cette ville que la tradition situe l'épisode qui serait à l'origine du privilège attribué à Antoine de faire retrouver les objets perdus.

> Une nuit, un novice s'enfuit du couvent emportant avec lui le Psautier dont Antoine se servait pour ses prières et pour ses cours. Chose étrange, c'est le diable lui-même qui lui barre la route, en pleine nuit, et l'oblige à rebrousser chemin pour ramener l'objet volé à son propriétaire.

De Montpellier Antoine passa à Toulouse, après des étapes dans le Narbonnais et dans le Carcassonnais. En 1260, lors du chapitre général qui édita les nouvelles *Constitutions* de l'ordre, saint Bonaventure trouva à Narbonne des communautés chrétiennes unies et ferventes, formées par Antoine lors de son passage en 1224-1225.

A Toulouse, Antoine fonde une école, enseigne la théologie et prêche contre les hérétiques. C'est à Toulouse que la légende *Benignitas* situe le « miracle » de la jument qui adore l'Eucharistie, afin de prouver, à l'encontre des hérétiques, la vérité de la présence réelle.

De Toulouse, Antoine remonte vers Le Puy, Limoges et Bourges. Nous devons surtout à Jean Rigaud, auteur de la *Rigaldina*, de nous avoir abondamment renseignés sur le séjour de frère Antoine dans le Limousin, à Limoges, Saint-Junien, Solignac, Brive, à la fois comme prédicateur, fondateur de communautés... et thaumaturge, comblant la lacune laissée par les autres biographes. « Puisque, écrit-il, saint Antoine remplit la charge de custode dans la custodie de Limoges, et que Dieu y accomplit certains miracles par son intermédiaire dont j'ai entendu le récit par des frères d'une indiscutable sincérité, et que je n'ai pas trouvés insérés dans les récits de sa vie, j'ai entrepris de les ordonner... afin qu'on n'en perde pas la mémoire. » La charge dont parle Jean Rigaud comportait la responsabilité des couvents d'une région donnée.

En réalité, Jean Rigaud raconte de nombreux « miracles », mais s'en sert pour illustrer, en guise d'exemples, le portrait d'un Antoine aimable envers ses frères, pauvre et pénitent, qu'il s'est proposé de dessiner. Nous citerons les plus significatifs, car ils éclairent la genèse et le sens de certaines traditions populaires d'origine antonienne.

Délicatesse d'Antoine

Il cherchait, dit Jean Rigaud, à être le plus insignifiant et le plus petit parmi ses frères. En voyage, il voulait être au service de son compagnon. Supérieur, il ne ressemblait pas à un prélat (ce terme évoquait dignité, honneur, privilèges et richesse) mais à un ami, il était un parmi les autres, et même inférieur à tous les autres. Et voici un récit qui illustre ce comportement.

> Un jour, il fait route vers l'Italie, lorsqu'il arrive, avec son compagnon, dans un village de Provence (probablement à Cuges-les-Pins qui conserve le souvenir de ce passage). Il demande l'hospitalité à une paysanne qui les reçoit volontiers et veut les honorer en leur offrant le bon vin de sa cave. Mais, dans sa précipitation, elle oublie de fermer le robinet du tonneau et lorsqu'elle redescend pour chercher d'autre vin, elle trouve la cave inondée et le tonneau vide.
>
> Elle remonte toute consternée et Antoine, voyant son malheur, lui dit de ne pas se faire de soucis et de retourner à la cave où elle retrouve le tonneau plein et le sol bien sec. La délicatesse d'Antoine avait épargné à la bonne paysanne, et à son compagnon de voyage, la gêne qui aurait pu venir de cette maladresse.

Pauvre et détaché

Antoine vécut très pauvre et n'emportait jamais rien dans ses voyages. Partout il se conduisait comme un pèlerin et un étranger, supportant la faim et les désagréments et sachant être heureux dans l'indigence.

A Brive, dans le couvent qu'il avait lui-même fondé, et où il avait découvert des grottes pour se recueillir et prier — ces Grottes sont encore aujourd'hui un but de pèlerinage très connu en France — le cuisinier du couvent s'aperçoit un jour qu'il n'y a rien pour préparer les repas des frères. Antoine demande alors à une dame, amie du couvent, de lui faire envoyer quelques poireaux et quelques légumes et la dame prie, à son tour, sa servante d'aller les cueillir dans son jardin. Mais il pleut à torrents. La servante va cueillir les légumes et s'en revient les vêtements et les légumes qu'elle transportait complètement secs. Chaque année, à la fin du mois d'août, à Brive-la-Gaillarde, la « foire aux oignons » rappelle encore aujourd'hui cette charmante tradition.

Pénitent et homme de prière

La prière d'Antoine est toujours efficace et Dieu exauce tous ses désirs.

A l'abbaye bénédictine de Solignac (un bijou de l'art roman), Antoine tombe malade. Le moine qui le soigne est tourmenté par de fortes tentations sexuelles. Ayant lu dans son cœur, Antoine comprend la détresse du moine et lui demande de revêtir la tunique qu'il porte sur sa propre chair. Aussitôt que la tunique d'Antoine touche le corps du moine, toute tentation disparaît, ce jour-là et pour le reste de sa vie.

A Limoges, comme à Montepaolo, Antoine pratique le jeûne et la pénitence. A l'époque de Jean Rigaud, les frères de ce couvent conservaient encore précieusement un morceau de la chaîne en fer que portait le saint religieux.

Entraîneur de foules

En France, comme en Italie, Antoine savait entraîner des foules sans nombre et souvent les églises étaient incapables de les contenir. Jean Rigaud raconte à ce propos le prodige survenu à Limoges au lieu-dit le « Creux des Arènes ».

Antoine y prêche un jour de printemps, lorsqu'un gros orage éclate. Éclairs, tonnerres, pluie, grêle n'ont cependant pas raison du public, à cause des prières d'Antoine, et le terrain que les gens piétinent demeure entièrement sec.

A Bourges, le souvenir d'Antoine est lié au discours qu'il prononce à l'adresse de l'évêque, Simon de Sully. Un jour, raconte Jean Rigaud, tandis qu'il prêche pendant un synode, il adresse la parole à l'archevêque en lui disant avec véhémence : « A présent, je m'adresse à toi, cornu » (à cause de la forme à double pointe de sa mitre). Et il commence à lui reprocher certains vices qui accablent sa conscience, avec une telle fougue et par des arguments bibliques si solides que l'archevêque se sent provoqué au regret, aux larmes et à des sentiments de piété jamais éprouvés jusqu'alors. Après la réunion synodale, il prend à part frère Antoine, lui avoue les plaies de sa conscience et à partir de ce moment-là il se dévoue au service de Dieu et des frères. On ignore quels étaient ses torts, mais d'aucuns pensent que, parmi ses fautes, il y avait une opposition ouverte à la prédication des Frères Mineurs dans son diocèse.

Conversions spectaculaires

Jean Rigaud raconte également la conversion d'une bande de brigands, dont il tenait le récit du voleur lui-même. (Historiquement, cet épisode serait à placer à Padoue, vers la fin de la vie d'Antoine.)

> « J'étais brigand de métier, raconte-t-il, dans une bande de douze voleurs. Malheur au voyageur qui passait dans les environs des montagnes où nous étions cachés, si nous avions flair d'argent ou de richesse. Un jour, parvint à nos oreilles l'écho de la prédication d'Antoine et décidâmes d'aller l'écouter. Ses paroles de feu touchèrent nos cœurs et nous commençâmes à éprouver du remords pour nos crimes. A l'issue du sermon, nous allâmes tous

Apparition de saint François au chapitre d'Arles par Giotto (église supérieure de saint François d'Assise).

nous confesser. Il nous écouta, nous imposa à chacun une pénitence salutaire et nous fit promettre de ne plus retourner à nos anciens péchés...

Certains d'entre nous trahirent leur promesse. La plupart de ceux qui y furent fidèles reposent à présent dans la paix de Dieu. Quant à moi, je fus douze fois en pèlerinage à Rome en pénitence de mes fautes. » « Lorsqu'il me fit ce récit, à Rome, ajoute Jean Rigaud, il venait de faire son douzième pèlerinage et ne lui restait plus qu'à espérer la Vie qu'Antoine lui avait promise. »

Arles et la vision de saint François

Par-delà la légende, l'histoire retient le récit de l'apparition de François à Arles pendant un sermon d'Antoine, rapporté par les biographes de saint François, Thomas de Celano et saint Bonaventure, et de saint Antoine, Julien de Spire et Jean Rigaud.

Antoine prêche aux frères réunis en chapitre sur l'inscription placée au-dessus de la croix, *Jésus de Nazareth, roi des Juifs*, lorsque un frère qui écoute à la porte (tous les religieux n'ont pas le droit d'assister aux réunions du chapitre) aperçoit François au-dessus de l'assemblée des frères, les bras étendus en forme de croix, et bénissant Antoine. L'événement qui eut lieu entre septembre 1224 et mai 1225 est interprété comme un témoignage explicite de François en faveur de frère Antoine et de sa doctrine.

Saint Antoine a-t-il fait des miracles de son vivant ?

Les nombreux récits que nous avons relatés posent le problème de savoir si Antoine de Padoue a réellement accompli, de son vivant, tous les prodiges qu'on lui attribue. Plusieurs de ces récits semblent, en effet, empruntés à un fonds hagiographique commun ou auraient eu lieu, selon les traditions locales, en plusieurs endroits.

Les prodiges d'Antoine ont reçu une double interprétation de ses historiens.

Les uns, comme l'auteur de l'*Assidua* et Julien de Spire, dans la *Vita secunda*, se réfèrent à la bulle de canonisation qui ne mentionne aucun miracle durant sa vie. Julien de Spire souligne même que le courage d'Antoine dans l'annonce de la vérité est « bien plus important que les miracles qui, la plupart du temps, sont trompeurs lorsqu'ils sont accomplis pendant la vie ».

Les autres, comme les auteurs de la *Benignitas* et de la *Rigaldina*, les ont retenus pour illustrer tel ou tel aspect de la physionomie spirituelle d'Antoine.

En fait, les miracles accomplis après la mort d'Antoine semblent authentiques et le procès de canonisation en a retenu quarante-sept.

Quant à ceux qui auraient été opérés pendant sa vie, Antoine lui-même rappelle que les miracles peuvent être des signes de Dieu qui viennent en aide à la foi. Ce serait donc un tort de les exclure a priori. Les phénomènes extraordinaires existent chez de nombreux personnages de l'histoire, canonisés ou non, chrétiens ou non-chrétiens. Chez celui qui a grandi dans l'amour de Dieu, ils sont à la fois un signe de « reconnaissance » de la part de Dieu pour celui qui les accomplit, un symbole de ses qualités spirituelles et un stimulant pour ceux qui en sont témoins.

En haut : saint Antoine recolle le pied d'un jeune homme.
En bas : Le miracle de l'usurier (tombeau de saint Antoine, bas-relief de Tullio Lombardo, 1525).

4

A Padoue, conseiller des grands et défenseur des pauvres

Le 3 octobre 1226, dans l'après-midi, François d'Assise quitte ce monde. Frère Élie envoie une lettre à tous les frères de l'ordre pour leur faire part de la mort de « notre père et frère commun » et convoque à Assise les ministres provinciaux pour l'élection du nouveau supérieur général. Antoine revoit en esprit ses rencontres avec François et ressent fortement le vide laissé par son absence. En l'automne 1227, il quitte le Limousin et retourne en Italie.

Frère Antoine a-t-il pris part au chapitre général de la Pentecôte 1227 à Assise ? On ne peut l'affirmer avec certitude. On ignore en effet si, à cette époque, il était encore custode du Limousin et, en admettant qu'il le fût, si la charge de custode donnait droit à participer au chapitre général. Ce qui est certain, c'est que vers la fin de 1227, le nouveau ministre général, Jean Parenti, celui-là même qui l'avait reçu au couvent d'Olivais, le nomme supérieur de la province de Romagne, qui avait juridiction sur un territoire allant, d'ouest en est, du Piémont à l'actuelle Yougoslavie, et du nord au sud, de Trente à Rimini.

Antoine exerce cette charge de fin 1227 à fin mai 1230, parcourant la Vénétie et la Lombardie pour visiter toutes les communautés, comme le prescrivait la Règle, et gouvernant les frères avec sagesse et fermeté, douceur et courtoisie.

La charge des communautés ne l'empêche cependant pas de poursuivre le ministère de la prédication et de l'enseignement. C'est même cette double tâche qui le met en contact avec la ville et les habitants de Padoue, créant entre eux « un profond sentiment d'affection » (l'expression est de l'*Assidua*). Mais pourquoi Padoue de préférence aux autres villes du nord de l'Italie ?

Pourquoi Antoine est-il venu à Padoue ?

La réponse à cette question, importante pour comprendre pourquoi il est dit « de Padoue », tient à la fois à la position et au climat moral de la ville, ainsi qu'à l'activité d'Antoine.

Érigée en commune libre au XIe siècle, république indépendante depuis la fin du XIIe, située au carrefour des grandes voies de communications nord-sud et est-ouest (routes, voies fluviales), Padoue avait connu un développement économique et une urbanisation rapides : agrandissement de la ville, belles architectures, multiplication des faubourgs. Alliée au parti guelfe (le parti du pape) contre les villes gibelines de Vérone et de la Ligue lombarde (alliées à l'empereur) elle était au cœur de la Marche de Trévise. Pour pacifier les factions ennemies et assurer aux populations une période de tranquillité, le dominicain frère Guala, légat du pape, avait dépêché dans la région une foule de religieux. « Parmi tous ces personnages religieux et justes, écrit l'historien de Padoue, Rolandino, le bienheureux Antoine a prêché d'une voix agréable et convaincante, en plusieurs endroits, à travers toute la Marche. » Cette « mission » a duré de l'été 1229 au printemps 1230. « Pendant cette période, dit le même historien, les villes de la Marche de Trévise connurent la paix. »

A Padoue, il y avait également une communauté de frères, près de l'église « Santa-Maria Mater Domini » (consacrée à la Mère du Seigneur), où Antoine pouvait établir sa résidence. Mais la ville présentait aussi d'autres avantages : elle était, depuis 1222, le siège d'une université et, à la différence de beaucoup d'autres villes du nord de l'Italie infestées par l'hérésie cathare, elle était restée fidèle à la foi catholique. Dans une lettre du 2 septembre 1231, deux mois et demi après la mort d'Antoine, Grégoire IX louera ses habitants « fervents défenseurs de la foi orthodoxe, amants de la justice et de la liberté, pieux, zélés dans la sainte religion, resplendissants par vertus et bonnes mœurs. »

L'influence d'Antoine y avait été pour beaucoup ; mais celle-ci fut possible parce qu'il avait trouvé à Padoue une population disposée à entendre sa parole et à suivre ses enseignements.

Frère Antoine fait deux séjours dans sa ville d'adoption : le premier en 1229-1230, durant lequel il prêche, crée l'école de frères, sur le modèle de celles de Bologne, de Montpellier et de Toulouse ; il rédige, ou met en forme *les Sermons pour les dimanches de l'année* et noue des relations suivies avec les professeurs et les étudiants de l'université, par des cours, des conférences, des entretiens spirituels, comme le prouve l'appel que ces mêmes professeurs et étudiants feront parvenir au pape, après sa mort, pour solliciter sa canonisation. Enfin, il gagne l'estime et la sympathie des notables, du clergé, des autres communautés religieuses et des habitants de la ville et des environs. Le second et dernier séjour durera un peu plus de neuf mois, de l'automne 1230 à la fin du mois de mai 1231. Au chapitre général du 25 mai 1230, en effet, il est libéré du gouvernement de la province, reçoit du Ministre Général la pleine liberté de prêcher et fixe sa demeure au couvent Sainte-Marie. Là, il se consacre, sur la demande du cardinal Rainald de Genna, évêque d'Ostie et futur pape Alexandre IV, à la rédaction des *Sermons pour les Fêtes des Saints*, qui resteront d'ailleurs inachevés, et il entreprend une prédication de carême qui finira par avoir raison de sa santé déjà chancelante. Mais suivons les événements.

A Rome, auprès de Grégoire IX

Vers l'été 1230, il reçoit mission du ministre général de se rendre auprès du pape avec une délégation de huit frères pour traiter une affaire urgente de l'ordre. L'« affaire » concernait la pratique de la pauvreté que certains, parmi les frères, voulaient strictement fidèle à la lettre de la règle, sans commentaires ni dispenses, et que d'autres cherchaient à adapter aux nouvelles exigences des études, de la prédication et des communautés nombreuses. Le pape trancha en faveur de ces derniers. Cette présence d'Antoine dans ce groupe d'« experts » témoigne de la confiance que l'ordre tout entier mettait en sa personne, en son savoir et en son expérience de vie religieuse. Elle donne aussi au pape l'occasion de l'entendre, d'admirer ses connaissances bibliques et théologiques — il l'appellera « Arche du Testament ». Elle permet à Antoine lui-même d'adresser la parole à une foule de pèlerins présents à Rome, donnant à sa prédication une dimension « catholique », universelle.

Le premier carême de l'histoire

Pendant le mois de janvier 1231, Antoine est encore occupé à ses études et à la rédaction de ses *Sermons*, lorsqu'arrive la période de carême, qui commence, cette année-là, le 5 février. Pour ce carême, Antoine introduit à Padoue la prédication quotidienne et restaure l'ancienne pratique des *Stations pénitentielles*. Une vraie nouveauté pour l'Église locale; pour Antoine, un effort presque surhumain que l'*Assidua* résume par ces quelques phrases : « Il est merveilleux, qu'affligé comme il était d'une certaine corpulence et par ailleurs assailli de maladie continuelle (probablement les suites de la maladie contractée au Maroc et de ses travaux exténuants), il maintint cette longue prédication. Un zèle infatigable pour le salut des âmes le soutenait dans cet enseignement et dans le ministère des confessions, jusqu'au déclin du soleil, et très souvent sans qu'il eût rien mangé. »

A l'époque, les sermons de carême ont lieu les dimanches, dans la cathédrale, et sont réservés à l'évêque. Antoine est donc déjà assez connu, « puissant en œuvres et en paroles », comme l'écrit Rolandino, apprécié pour ses écrits, reproduits en de nombreux exemplaires, pour que l'évêque lui demande de prêcher à sa place. Par ailleurs, la foule se presse dès les premiers sermons, et Antoine va prêcher tous les jours, dans des églises différentes (il y en avait 55 dans la ville et dans les environs), et même en plein air, lorsque la foule atteint 30000 personnes. Parmi eux, raconte l'*Assidua*, des hommes, des femmes, des vieillards, des jeunes gens, des « chevaliers et nobles dames », se levant en pleine nuit, s'appelant l'un l'autre, se hâtant, en habit de pénitence, pour occuper les places d'où on peut mieux le voir et l'entendre. L'évêque lui-même, accompagné de son clergé « suit dévotement la prédication d'Antoine (probablement dans les processions d'une église à l'autre), se faisant modèle du troupeau et présentant un bel exemple d'humilité. Le sermon a lieu le matin, mais se prolonge, durant toute la journée, par des rencontres privées, les visites aux malades, les confessions.

Les fruits d'une telle fatigue sont surprenants tant dans la conduite des auditeurs que dans la transformation de la société : « Il amenait à une paix fraternelle ceux qui vivaient en désaccord; obtenait la libération de prisonniers, il amenait à restituer ce qu'on avait volé par l'usure ou par la violence; il délivrait les prostituées de leur infâme commerce; guérissait de leur vice les plus grands voleurs. De telle sorte qu'au bout de ces quarante jours, « il récolta une moisson agréable au Seigneur ».

Mais une nuit, il ressent tout à coup une sensation d'étouffement — dû à un œdème pulmonaire, selon la médecine, mais attribué par ses biographes à la jalousie du démon qui ne peut supporter le succès d'Antoine. Comme lorsqu'il était enfant, Antoine s'en délivre en s'adressant à la Vierge et en traçant sur son front le signe de la croix.

Médiateur de justice

Au terme du carême, le prédicateur avait le droit de présenter aux autorités de la ville une « pétition » en faveur d'une église ou d'une communauté. Antoine présente lui aussi la sienne : il demande à la commune une loi en faveur, non de sa communauté ou de l'église de son couvent, mais des débiteurs insolvables que les prêteurs usuriers font jeter en prison jusqu'à épuisement de leur dette. Un abus insupportable, un drame humain qui réduit à la misère de nombreuses familles. Ainsi, en date du 17 mars 1231, la commune de Padoue promulgue un décret selon lequel « personne ne doit être détenu en prison, s'il n'est coupable que d'une ou plusieurs dettes en argent, contractées dans le passé, dans le présent et dans l'avenir ». Cette disposition vaut pour les débiteurs et pour ceux qui avalisent leurs dettes ; elle n'est pas appliquée, en revanche, aux débiteurs qui cèdent ou aliènent en fraude, car ils portent ainsi dommage aux créanciers eux-mêmes.

Une telle démarche entre dans le programme d'Antoine de prêcher l'Évangile, mais aussi de lutter contre toutes les formes d'injustices, très courantes à cette époque d'enrichissement facile pour les uns, d'extrême pauvreté pour d'autres. « Les avares et les usuriers, écrit-il dans ses *Sermons*, sont la "synagogue de Satan". Les malheureux ! Ils ne savent pas ce qu'ils étaient à leur naissance — c'est-à-dire tout nus — et ce qu'ils seront à leur mort — c'est-à-dire enveloppés dans un misérable drap.

« D'où leur viennent en effet leurs biens ? Du vol et de l'usure… Comme le scarabée qui amasse des excréments et à grand peine en confectionne une petite boule, pour qu'enfin un âne passe et écrase boule et scarabée, l'avare et l'usurier rassemblent le fumier de l'argent. Subitement le diable les étrangle, leur âme va au démon et leur argent… aux héritiers. »

Ce jugement a trouvé une expression figurée dans le célèbre « miracle de l'avare », si souvent repris dans l'iconographie antonienne.

> Un homme très riche vient de mourir. Au moment de l'enterrement, la famille tout entière est réunie pour les derniers adieux, lorsqu'Antoine, à la surprise générale, déclare : « Son cœur n'est pas dans sa poitrine à l'intérieur du cercueil, mais dans son coffre-fort. » On dissèque aussitôt le cadavre, mais on ne trouve pas le cœur de l'avare. On retourne alors dans sa maison, on ouvre le coffre-fort, et le cœur est bien là, comme l'avait dit frère Antoine.

« Là où est ton trésor, là aussi sera ton cœur », dit l'Évangile (cf. Mt 6,21). On pourrait voir dans ce récit — et dans d'autres « prodiges » analogues —, une sorte de parabole dont Antoine lui-même s'est peut-être servi, pour concrétiser en quelque sorte et pour visualiser son enseignement, afin de mieux le graver dans les esprits et dans les mémoires.

Naissance d'un culte

Le carême de 1231 fut certainement, pour la ville de Padoue, l'occasion d'un renouveau spirituel et moral sans précédent ; et pour Antoine, un vrai succès, une sorte d'apothéose avant la lettre. A lire l'*Assidua*, on a l'impression que l'intérêt porté à sa personne et à ses objets plus qu'à son message, aux gestes sensibles plus qu'aux valeurs intérieures et spirituelles, caractéristique de son culte populaire, prend naissance de son vivant : « Tout le monde tendait vers lui son oreille et son esprit. Les marchands... n'ouvraient leur boutique que lorsque le sermon était fini. Les femmes, "au feu de leur dévotion", apportaient avec elles des ciseaux et cherchaient à tailler sa robe pour en faire des reliques. On s'estimait heureux quand on pouvait au moins toucher le bord de son habit... »

Puis, peu de temps avant sa mort, contemplant la ville et la campagne qui l'entoure, Antoine lui prédit qu'avant peu de temps elle deviendrait illustre… « grâce à sa sainteté, commente l'*Assidua*, qui allait bientôt la rendre célèbre »…

Auprès du petit tyran

Au début du mois de mai 1231, Antoine est chargé, par les autorités, d'une mission auprès du comte Ezzelino da Romano, seigneur de Vérone, qui retient prisonniers des notables de Padoue, ville ennemie : il doit intercéder pour leur libération. Cette mission est décrite comme un succès par l'auteur de la *Benignitas*, mais comme un échec par l'historien Rolandino : « Le saint homme, écrit ce dernier, confiant dans la force de Dieu… s'achemina vers Vérone et avec force insistances demanda aux recteurs de la Ligue lombarde, au podestat, au comte Ezzelino et à ses conseillers de libérer le comte de Sambonifacio et ses amis, détenus dans un de ses châteaux. Mais il fut méprisé en tout et on ne lui accorda rien de ce qu'il demandait. »

Peu de temps après cependant, en 1232, Ezzelino libère ses prisonniers, mais il reprend bientôt ses représailles, allant jusqu'à garder en prison, pendant dix-sept ans, l'évêque de Padoue.

La retraite de Camposampiero

L'effort fourni pendant le carême finit par porter cependant un coup dur à sa santé déjà chancelante. Antoine a besoin de repos ; et de calme, car les foules ne cessent de l'assiéger.

Non loin de Padoue, le comte Tiso, son ami, possède le château de Camposampiero. Le comte est un converti, et parmi ses bonnes œuvres, il vient de donner aux Frères Mineurs un lieu voisin de sa propriété, pour ceux qui auraient besoin de tranquillité et qui pourraient assurer, en même temps, les services religieux dans ses terres. En cette période de l'année, les gens sont occupés aux travaux des champs, car la moisson approche. Antoine saisit cette occasion pour se rendre dans l'ermitage de Camposampiero, avec deux compagnons, frère Luc et frère Roger.

Tiso l'accueille avec joie et le comble d'attentions. Non loin du château, il y a un bosquet et, dans ce bosquet, un gros noyer avec six grosses branches. C'est là que le comte va construire de ses propres mains trois cellules, une au milieu pour Antoine et deux sur les côtés pour ses compagnons. Ainsi, comme à Olivais, à Montepaolo et aux grottes de Brive, Antoine peut prier à son aise, méditer et dicter des choses utiles au peuple chrétien. « Ainsi, dit l'*Assidua*, s'élevant vers les hauteurs, il montrait qu'il s'approchait du ciel. Et ce fut là sa dernière demeure parmi les mortels. »

5

Mort et canonisation

La fin approche, en effet. Comme à Montepaolo, Antoine descend chaque jour de son noyer, au son de la cloche du couvent, pour participer, aux heures habituelles, à la prière commune et aux repas avec la communauté. Un jour (nous suivons ici pas à pas le récit de l'*Assidua*), pendant qu'il est à table, subitement ses forces l'abandonnent. Le mal s'aggravant, il se lève de table, aidé par ses frères, mais il ne peut se tenir debout et il se laisse tomber sur un tas de sarments. Il sent que sa fin est proche et demande à frère Roger de le transporter à Padoue, au couvent de Sainte-Marie, pour ne pas être à la charge des frères du lieu. Frère Roger y consent et, malgré l'opposition des Frères à le laisser partir, l'étend sur un chariot, y attelle une paire de bœufs et, avec frère Luc, achemine le malade vers Padoue.

A l'approche de la ville, un frère qui faisait route vers Camposampiero pour rendre visite à Antoine, voyant ses mauvaises conditions, leur conseille de s'arrêter au couvent de la Cella, chez les frères qui assuraient les services spirituels au monastère des Clarisses. La traversée de la ville et l'attroupement de gens que le malade allait susciter lui auraient été, en effet, gravement nuisibles.

A la Cella, son état de santé empire. Antoine a un bref moment de repos, il se confesse et reçoit l'absolution et l'onction des malades. Avant de mourir, Antoine a la force d'entonner l'hymne liturgique à la Vierge qu'il avait l'habitude de chanter : *O gloriosa Domina, sublimis inter sidera*, « O Notre Dame, élevée au-dessus des étoiles »...

Pendant un moment, il semble ravi en extase, et au frère qui l'interroge, il répond tout simplement : « Je vois mon Seigneur. » Puis, il étend les mains, les joint et chante, d'un bout à l'autre, les Psaumes de la Pénitence (sept psaumes assez longs). Il tient encore près d'une heure, et s'endort dans la paix et la lumière du Seigneur.

C'était l'après-midi du vendredi 13 juin 1231. « Son corps avait l'aspect de celui qui dort, les mains, devenues toute blanches, étaient plus belles qu'avant ; ses membres, restées souples, s'infléchissaient selon le bon vouloir de celui qui les touchait. » En 1981, l'examen de ses reliques donne les résultats suivants : taille supérieure à la moyenne (1,71 m), structure osseuse moyenne mais résistante, grand marcheur, tête allongée, menton surélevé, nez mince, yeux profonds, cheveux noirs, mains longues et d'allure noble, âge : trente-neuf ans et demi, décès provoqué par épuisement dû au surmenage, aux fatigues et aux privations.

Les frères, attristés par cette perte, veulent cacher aux étrangers au couvent et aux amis la mort de frère Antoine, mais des bandes d'enfants se mettent subitement à crier à travers toute la ville : « Notre père est mort ! Saint Antoine est mort ! » A ces cris, la population se rend en foule à la Cella et « l'habitation des Frères est entourée comme d'un essaim d'abeilles ».

Du drame au triomphe

Pendant les heures qui suivent la mort d'Antoine éclate entre les habitants du faubourg de la Cella et ceux de Padoue un drame qui aurait pu tourner à la guerre civile.

Après l'avoir pleuré à chaudes larmes, les Clarisses du monastère de la Cella ont l'idée astucieuse, mais peu sage, de suborner les notables du faubourg pour les persuader de garder le corps du défunt. Il faut, disaient-elles, « que vive parmi nous, une fois mort, celui qui n'a pu se montrer à nous de son vivant. » De leur côté, les frères du couvent de Sainte-Marie se rendent aussitôt à la Cella pour réclamer le corps d'Antoine et le ramener dans leur église. Il leur paraissait en effet impensable de ne pas posséder un aussi grand trésor ; d'autant plus que frère Antoine avait choisi ce couvent pour demeure et qu'au moment où il sentit venir sa fin, il imposa par obéissance au frère qui l'assistait de faire en sorte que son corps soit porté à l'église de Sainte-Marie. Les positions des deux parties sont claires, mais inconciliables : d'un côté, le droit et la volonté du défunt ; de l'autre, un sentiment pouvant vite se transformer en passion partisane.

Pendant trois jours, les habitants de la banlieue tiennent bon et vont même jusqu'à s'engager par serment à ne jamais céder le corps d'Antoine. La cause est portée devant le provincial, responsable des frères de Sainte-Marie, l'évêque et le podestat. Le provincial propose une solution en faveur de l'église Sainte-Marie, selon le droit. « Ceux qui ne mettent sur le plateau de la balance que des sentiments et non de vraies raisons, ne pèsent pas la justice et la bienveillance avec impartialité, dit-il à l'adresse des habitants de la banlieue. Antoine était un frère de notre ordre, il est toujours demeuré dans notre communauté. C'est pourquoi, je réclame le corps de quelqu'un qui... avait choisi comme lieu de sépulture l'église de la sainte Mère de Dieu... En ma qualité de Supérieur, je vous prie (donc) que nous soit accordé ce qui, de soi, *nous est dû selon le droit et la raison la plus évidente*. »

Ces paroles ne suffisent pas à calmer les esprits. Ceux-ci continuent, au contraire, à s'échauffer et les habitants de la ville et de la banlieue vont jusqu'à prendre les armes pour s'affronter dans une lutte armée. Devant ce risque qui menace de détruire en un instant tous les fruits de conversion du dernier carême, chacun revient cependant à la raison ; les Clarisses regrettent leur excès et tous, « chantant des cantiques de louange et des cantiques spirituels », forment un immense cortège qui transporte en triomphe le corps d'Antoine à travers toute la ville. « Les chefs et les notables de la cité, raconte l'*Assidua*, offrirent leurs épaules pour porter la civière funèbre, et on s'estimait heureux si on arrivait tout au moins à la toucher... Lorsqu'on arriva à l'église Sainte-Marie, la procession s'arrêta. L'évêque célébra la messe, et enterra, avec tous les honneurs, le corps du bienheureux Antoine, et après avoir achevé les derniers rites des funérailles, il s'en retourna chez lui, au milieu de l'exaltation universelle.

Trente-deux ans après, en 1263, on rouvrira son tombeau et saint Bonaventure découvrira, rouge et intacte, la langue qui avait si bien loué le Seigneur pendant toute sa vie.

Pour l'anniversaire de la mort, on fête saint Antoine

Le jour même de sa sépulture, le tombeau du frère Antoine devient un but de pèlerinage, où ont lieu de nombreuses guérisons ; et l'*Assidua*, habituellement si sobre, abonde à présent en récits merveilleux : « A peine un malade réussissait-il à toucher le tombeau qu'il avait la joie de se sentir libéré de toute maladie. Et ceux qui ne pouvaient approcher du tombeau à cause du grand nombre d'infirmes, en revenant devant l'église, se trouvaient guéris sur place. (Ainsi) les yeux des aveugles s'ouvrirent là ; là s'éclaircirent les oreilles des sourds ; là encore le boiteux se mit à sauter comme un cabri ; là toujours la langue dénouée des muets proclama la louange de Dieu à voix claire et rapide. Les membres déformés par la paralysie retrouvèrent leurs mouvements normaux. Bosse, goutte, fièvre ou tout autre mal sont miraculeusement mis en fuite. En un mot... hommes et femmes venus des diverses parties du monde, obtiennent ce qu'ils demandent. »

En fait, le phénomène prend une telle ampleur qu'en peu de temps le tombeau d'Antoine rivalise avec ceux de Jérusalem et de Compostelle. Un tel élan pose aussitôt le problème de la canonisation. Un mois après sa mort, une délégation est envoyée à Rome. A la Curie romaine, on s'étonne de cette gloire soudaine d'Antoine, mais le pape Grégoire IX accueille la demande des délégués et ordonne l'examen des miracles. Les témoignages affluent de toutes parts ; l'enquête est conclue en très peu de temps. Une deuxième délégation est alors envoyée à Rome, puis une troisième, composée de membres du clergé, de nobles, comtes et chevaliers les plus influents : ils sont porteurs des pétitions signées par les maîtres, les étudiants, les représentants des corporations et les gens de lettres. Le pape charge un cardinal d'examiner le dossier ; les miracles sont approuvés en un laps de temps très court, la canonisation est décidée. La date en est fixée au 30 mai, jour de la Pentecôte, dans la cathédrale de Spolète où se trouve, à cette époque, la Cour pontificale. Onze mois et dix-sept jours à peine ont passé depuis la mort d'Antoine.

Grégoire IX préside lui-même la cérémonie. Après avoir écouté la lecture des miracles, il inscrit Antoine au « catalogue des saints », comme intercesseur, et comme exemple à imiter dans la lutte contre l'hérésie et l'affermissement de la foi catholique. Il entonne l'antienne *O Doctor optime* « O Docteur insigne », réservée aux grands théologiens et les « Docteurs de l'Église ». Il ordonne que sa fête soit célébrée le 13 juin de chaque année, jour anniversaire de sa mort.

Le même jour, rapporte une tradition, Lisbonne devient le théâtre d'un événement extraordinaire. Sans en connaître la cause, hommes et femmes inondent les rues et les places en chantant et en dansant, toutes les cloches de la ville se mettent à sonner « sans que personne ne les touche », et personne ne peut s'empêcher de s'adonner à la joie et à la fête. Quelques jours après, des frères venus d'Italie rapportent que ce jour-là Antoine avait été canonisé.

Saint Antoine reçoit l'habit de franciscain (tombeau de saint Antoine, bas-relief d'Antonio Minello, 1512).

Sitôt la cérémonie terminée, les délégués de Padoue s'en retournent en toute hâte dans leur ville, afin de célébrer avec grande solennité le jour anniversaire de la mort d'Antoine.

Au cours des siècles, la liturgie de l'Église ne cessera de chanter les deux hymnes composées par Julien de Spire : « Réjouis-toi, heureuse terre du Portugal ; Jouis, heureuse ville de Padoue, car vous possédez un trésor… Réjouis-toi toi aussi, heureux Antoine, qui après avoir renoncé au monde, as conclu ta vie par une sainte mort. Que le Christ nous conduise, nous aussi, auprès de toi, au terme de cet exil. »

Extraits de la bulle *Cum dicat Dominus* de Grégoire IX, pour la canonisation de saint Antoine de Padoue

« Le Seigneur a dit "Je vous donnerai louange et renommée parmi tous les peuples de la terre" (So 3,20), et a promis que "les justes resplendiront comme le soleil" (Mt 13,43) ; il est donc juste que nous vénérions et glorifions sur terre ceux que Dieu couronne et honore du mérite de la sainteté dans les cieux...

(Dieu) auteur de toutes les grâces, renouvelle de nos jours les signes et les prodiges par l'intermédiaire de ceux qui cherchent à fortifier la foi catholique autant par la bouche que par le cœur et par les œuvres. Parmi eux, le bienheureux Antoine de l'ordre des Frères Mineurs, lorsqu'il vivait ici-bas excellait par ses mérites et, aujourd'hui dans le ciel, brille par de nombreux miracles.

Informé tout récemment de ses vertus et de ses miracles par l'évêque de Padoue, l'abbé des Bénédictins et le Prieur des Augustins (de la même ville) et par les dépositions des témoins ; *ayant eu l'occasion de constater un jour par nous-même la sainteté de sa vie et son agréable fréquentation puisqu'il a vécu honorablement quelque temps auprès de nous...* afin que soient rendus sur terre les honneurs à celui qui est déjà honoré dans les cieux... nous avons décidé de l'inscrire au catalogue des Saints.

Et puisque, selon l'Évangile, "personne ne doit allumer une lampe pour la cacher sous le boisseau, mais sur le lampadaire pour que tous ceux qui sont dans la maison voient la lumière" et que Dieu l'a placé, non sous le boisseau mais sur le candélabre, nous ordonnons de célébrer sa fête le 13 juin de chaque année.

Désirant (enfin) honorer nous-même de notre présence la tombe d'un confesseur qui illustre l'Église entière par ses miracles, nous accordons l'indulgence d'un an à tous ceux qui la visiteront le jour de sa fête et durant toute l'octave...

Donné à Spolète, le 3 juin 1232, sixième de notre pontificat. »

La canonisation de saint Antoine (gravure de Andreas Matth. Wolffgang, 1660-1736).

III
L'héritage

Vers la fin du XIIIᵉ siècle, Jean Rigaud, frère mineur et professeur au couvent de Padoue, avant son élection à la tête de la province d'Aquitaine, regrettait que « les frères négligent les miracles opérés par intercession de saint Antoine, à cause de leur grand nombre ». Et, à la même époque, l'auteur de la *Raymundina* se plaignait que *les Sermons* de saint Antoine ne soient plus du goût de « certaines fines bouches et intelligences sophistiquées ». Aujourd'hui, à la veille du 8ᵉ centenaire de sa naissance (1195-1995), que reste-t-il de l'activité et de la personnalité d'Antoine de Padoue que nous venons d'esquisser ? Une présence indiscutable, certes, mais d'intérêt fort inégal.

Pour le culte populaire, Antoine fait partie des saints les plus familiers du monde catholique. Il n'y a presque pas d'église qui ne possède sa statue ; et la croyance de l'âme populaire se résume dans ce témoignage d'une jeune femme antillaise : « Ma grand-mère avait une grande dévotion à saint Antoine. Chaque fois qu'elle perdait quelque chose, elle le priait, et elle la trouvait. » Ce grand saint ne serait donc que celui qu'on prie pour retrouver les objets perdus, comme on prie sainte Rita pour les causes désespérées.

Pour l'Église, au contraire, le culte de saint Antoine de Padoue fait partie, depuis sa canonisation, de la liturgie officielle, et sa tombe est un lieu de pèlerinage mondialement connu.

Entre le culte populaire qui le dévalorise en quelque sorte et l'Église qui le présente aux chrétiens comme intercesseur et surtout comme témoir de l'Évangile, des spécialistes cherchent à découvri son vrai visage dans son histoire, ses écrits, sa théo logie et sa spiritualité. A Padoue, à Lisbonne, e ailleurs, on ne cesse de poser les question suivantes : saint Antoine a-t-il encore quelqu chose à nous dire ? Quelle est sa théologie ? Peut on trouver dans ses écrits une spiritualité, de réflexions utiles aux chrétiens d'aujourd'hui ?

1
Saint Antoine dans le culte populaire

Le sanctuaire Saint-Antoine de Padoue est, avec Saint-Pierre de Rome, Lourdes, Fatima, Saint-Jacques de Compostelle, un des lieux de pèlerinage les plus fréquentés, avec plus de quatre millions de visiteurs par an. En France, le culte de saint Antoine est particulièrement présent aux Grottes de Brive, où il a séjourné ; aux Hauts-Buttés, dans les Ardennes ; à Cuges-les-Pins qui rappelle le souvenir de son passage lors de son voyage de retour en Italie.

Au Portugal, l'église bâtie à l'emplacement de sa maison natale, près de la cathédrale, est un lieu de pèlerinage, fréquenté surtout à la belle saison.

En France, en Italie et dans tous les pays où il y a un culte catholique, on vient allumer des cierges devant sa statue, déposer des fleurs, s'arrêter un instant pour prier. A Paris, par exemple, une seule paroisse est dédiée à Saint-Antoine de Padoue (à la Porte de la Plaine), mais 84 églises paroissiales sur 103 possèdent une statue, avec les attributs traditionnels, Enfant Jésus, livre, lis, pain pour les pauvres, et des ex-voto.

A Istanbul, l'église Saint-Antoine, située sur un axe piétonnier très fréquenté, de belle architecture, ouverte presque en permanence, attire les passants, en majorité musulmans. Là, sans partager pour autant le culte chrétien des saints et des images, interdit en Islam, ces visiteurs quotidiens sont saisis par l'ambiance, prient en silence, touchent la vitrine qui enferme la statue, allument des cierges, font en somme les rites et les gestes habituellement rattachés aux manifestations de foi populaire.

Présent partout, dans l'espace et dans le temps, Antoine de Padoue est « *le saint de tout le monde* », selon l'heureuse expression de Léon XIII ; le saint que tout le monde aime.

Mais, demande Antoine Vergote, comment se fait-il qu'un homme d'une grande culture, qui a été missionnaire et prédicateur comme beaucoup d'autres de son temps, et a mené une vie discrète, modeste, commune, soit devenu l'objet d'un culte dans lequel sa réalité historique est presque complètement ignorée ? (3 % seulement de ceux qui visitent sa tombe connaissent sa date de naissance ; un seul sait qu'il a été au Maroc ; 79 % ignorent tout de sa vie et de sa mort). Ce clivage, répond-il, s'explique par les miracles qui se sont manifestés avec une étonnante rapidité, sur sa tombe aussitôt après sa mort — comme le confirment d'ailleurs les pages de l'*Assidua* — et qui ont déclenché la vénération du saint populaire.

Cautionnés par l'Église, ces prodiges et ce culte ont trouvé un canal de transmission tout naturel, d'abord dans les communautés franciscaines, puis, chez de grands prédicateurs populaires, comme Bernardin de Sienne, et dans les dévotions qu'ils ont propagées : Nom de Jésus, l'Immaculée Conception et... saint Antoine de Padoue. A l'époque de la Contre-Réforme, le calendrier liturgique de saint Pie V (1568) a supprimé sa fête, rétablie en 1586 par un pape franciscain, Sixte V. Les Capucins ont redonné ensuite à ce culte une dimension populaire et les autres ordres franciscains — ainsi que les Jésuites — l'ont transplanté dans le Nouveau Monde. Les XVIIe et XVIIIe siècles ont multiplié les églises, les chapelles, les autels et les oratoires érigés en son nom, et lancé des dévotions comme la « Treizaine » et les « Mardis de Saint-Antoine », qui rappellent le jour de sa mort (13 juin) et celui de sa sépulture (un mardi). Après la tourmente révolutionnaire, le XIXe siècle s'est employé à créer de nombreuses œuvres apostoliques et sociales, dont la plus connue est le « Pain des pauvres de Saint-Antoine ».

Parallèlement, et dès la fin du XIIIe siècle, les biographies ont entretenu ce culte en insistant sur les prodiges et le merveilleux. Et l'art a vulgarisé les portraits d'Antoine, sa vie et ses symboles, d'abord par des figurations sobres (XIIIe et XIVe siècles), puis par des lignes classiques (Renaissance), enfin en créant à l'époque baroque l'image traditionnelle du saint Antoine jeune, l'Enfant Jésus dans ses bras et ses emblèmes, placés dans ses mains, sur des prie-Dieu ou à ses pieds, ou portés par des anges.

La voix de l'Église

Parallèlement aussi, la liturgie, l'action pastorale des religieux chargés de la basilique de Padoue et la voix des papes et des évêques ont cherché à contrebalancer ce culte populaire tendant à réduire la figure du personnage aux dimensions d'intérêts matériels individuels, en le ramenant à son rôle de théologien, de prédicateur, de franciscain et de maître spirituel. *Per Antonium ad Jesum*, dit le vieil adage. Saint Antoine est un chemin qui conduit à Jésus-Christ.

Ainsi, Grégoire IX l'a aussitôt montré comme un modèle de vie évangélique et de fidélité à l'orthodoxie. Vers la fin du XVe siècle, Sixte IV, après avoir rappelé qu'il avait été lui-même élève et enseignant à l'école de Padoue (fondée par Antoine), a souligné la science, les dons, les mérites dont Dieu l'avait gratifié.

Plus près de nous, en 1931, Pie XI voyait dans les célébrations du 7e centenaire de la mort d'Antoine, l'occasion d'un réveil de la foi et un espoir pour la paix du monde :

> « Pourquoi ne pas entretenir le ferme espoir qu'il ne vienne alimenter la foi chrétienne et la charité ? Pourquoi n'aurions-nous pas la certitude qu'il apportera des bienfaits non seulement à la vie privée mais aussi à la société civile ? Comme il a illustré de la doctrine chrétienne et du parfum de ses vertus son époque orageuse, ainsi il attirera notre siècle... vers les idéaux grands et nobles pour lesquels nous sommes nés. »

A propos de la dévotion dont il est l'objet, Paul VI soulignait (dans *Evangelii nuntiandi*) la valeur des manifestations spontanées de la foi :

> « La religiosité populaire traduit une soif de Dieu que seuls les simples et les pauvres peuvent connaître ; elle comporte un sens aigu de la paternité et de la présence amoureuse et constante de Dieu ; elle engendre des attitudes intérieures : patience, sens de la croix dans la vie quotidienne, ouverture aux autres, dévotion... Bien orientée, elle peut être pour nos masses populaires, une vraie rencontre avec Dieu en Jésus-Christ » (n° 48).

Et Jean-Paul II, lors de sa visite au sanctuaire de Padoue, le 12 septembre 1982, rappelait « le binôme évangélique » de la prédication et de la pénitence mis en pratique par Antoine de Padoue. Et il ajoutait : « Les temps changent... mais les principes fondamentaux restent inchangés. Il est urgent d'annoncer à l'homme d'aujourd'hui le kérygme du salut inaltéré dans son contenu, et le sacrement de réconciliation. »

Lors d'un colloque sur « Saint Antoine de

Padoue entre l'histoire et la piété », un frère théologien de Padoue soulignait la dimension théologique du culte antonien :

> « Très rarement, disait-il, la dévotion à saint Antoine a dévié vers des formes magiques ou superstitieuses. La tristement célèbre ''chaîne de Saint-Antoine'' est à exclure absolument de ses dévotions... Le plus humble de ceux qui s'adressent à lui sait que le culte des saints conduit au Christ et que la vénération de ses images apprend à mieux le connaître pour mieux l'imiter. »

Mais le titre qui honore le plus Antoine de Padoue est, sans aucun doute, celui de « Docteur évangélique de l'Église ».

Saint Antoine dans le folklore et la prière populaire

Au Portugal, en Espagne et en Autriche, saint Antoine a reçu le titre — et les appointements — de capitaine d'infanterie. Au Portugal, le 13 juin est la fête « do santo casamenteiro » (qui « fait les mariages ») et l'on chante des refrains du genre : « *Eu pedi à santo António um rapazinho solteiro, mas que nao fosse demónio et que tivesse bom dinheiro* » (« J'ai demandé à saint Antoine un garçon célibataire, qui ne fût pas un démon et qui tînt beaucoup d'argent »). Ou encore : « *Santo António milagroso, que tantos milagres faz, faz-me menos baboso o tonto do meu rapaz* » (« Saint Antoine thaumaturge, qui fais tant de miracles, rend moins imbécile cet étourdi qu'est mon garçon »).

En beaucoup d'endroits, comme en France, il est le saint « qui fait retrouver les objets perdus ». Même si un épisode de sa vie semble avoir été a l'origine de cette pratique (le novice qui s'est enfui avec son psautier), Antoine Vergote pense qu'un phénomène aussi universel peut être « la représentation infantile de parents tout-puissants et omniscients venant au secours de l'enfant qui souffre d'avoir perdu un objet précieux ».

Objets perdus ou bons maris à trouver n'expliquent cependant pas, à eux seuls, la persistance d'un culte aussi universel dans le temps et l'espace. D'après une enquête réalisée auprès des pèlerins de Padoue, on va vers saint Antoine, comme vers un ami, pour lui demander :

— toutes sortes de faveurs (36 %) ;
— le « salut spirituel » (23 %) ;
— la santé, et la protection contre les accidents et les maladies (20 %) ;
— une aide dans les difficultés (15 %) ;
— de le suivre comme modèle de foi et de vie chrétienne (7 %) ;
— de retrouver les objets perdus (5 %) ;
— la bonne réussite des fiançailles et le mariage (4 %).

Le répons liturgique traditionnel, empruntée à l'Office rythmique de Julien de Spire, souligne depuis les origines son pouvoir miraculeux :

Si tu cherches des miracles (en voici) :
la mort, l'erreur, les calamités, le démon et la lèpre s'enfuient,
les malades se relèvent guéris,
la mer se calme et les chaînes tombent,
les membres et les objets perdus sont retrouvés.
Jeunes et vieux demandent et reçoivent.
Les dangers cessent, les besoins disparaissent ;
que ceux qui ont reçu de telles faveurs les racontent ;
que les gens de Padoue les proclament.

2

Saint Antoine « Docteur de l'Église »

Un « Docteur de l'Église » est un fidèle, évêque, prêtre ou laïc, homme ou femme, qui a particulièrement illustré l'Église par sa sainteté, son enseignement, ses écrits. Les plus anciens, Ignace, Irénée, Origène, Augustin, Jérôme, etc., jusqu'au VIe siècle, sont appelés « Pères », « fondateurs » de la théologie chrétienne. Ceux qui ont suivi, Bernard, Thomas d'Aquin, Bonaventure, Antoine de Padoue, Catherine de Sienne, Thérèse d'Avila et bien d'autres, sont dits « docteurs », maîtres. Le titre de « Docteur » a été attribué à Antoine de Padoue par Pie XII, le 16 janvier 1946. A propos de ce titre, beaucoup se sont posé les questions suivantes : saint Antoine de Padoue répond-il à la définition d'un « docteur de l'Église » : écrivain remarquable par la sainteté de la vie, la pureté de l'orthodoxie et la qualité de la science ? Sa spiritualité, sa théologie, son œuvre écrite ontelles l'envergure de celles d'un Augustin, d'un Bernard, d'un Thomas d'Aquin ou d'un Bonaventure ? Pour y répondre, revenons brièvement sur sa biographie pour en dégager les lignes essentielles.

Le mystique

Nous avons déjà souligné, en retraçant ses années d'étude chez les Chanoines réguliers et son activité chez les Fils de Saint-François, les heures qu'il a consacrées à l'étude et à la prière, son amour du silence, son habitude à la méditation et à l'intériorité, sa compassion pour toute souffrance, son dévouement au travail, sa délicatesse pour ses frères : cet ensemble de qualités qui faisaient de lui un homme à l'image de François et selon l'Évangile. Trois notes nous semblent cependant caractériser sa vie spirituelle d'après ses *Sermons* : le modèle évangélique, l'harmonie entre action et contemplation et le partage de la croix, avec à la clé une profonde vie intérieure et mystique.

— *Le modèle évangélique*. Voici le portrait du prédicateur qu'il trace lui-même et qui lui convient à merveille :

> Le prédicateur doit être humble, à l'exemple du Christ qui a humilié la gloire de sa divinité sur la chaire de notre humanité ; il doit avoir la saveur de la charité qui, seule, peut goûter combien est doux le Seigneur ; il doit être ferme, et ne craindre personne, par sa vie, sa science et sa parole ; il doit

se montrer sévère comme un père, mais bon comme le cœur d'une mère.

— *Action et contemplation.* Rares sont les apôtres qui, comme lui, ont su alterner une activité débordante et des moments intenses de silence et de contemplation.

« L'homme actif, écrit-il, aide son prochain dans toutes ses nécessités ; l'homme contemplatif s'élève comme l'oiseau par l'aile de la contemplation et contemple la beauté de son Roi. »

Antoine a une préférence pour les abeilles et ceux qui travaillent, mais déteste les frelons, les fainéants, qui profitent du travail des autres...

— *La croix du Christ.* Antoine a consacré des pages émouvantes à l'humanité, à la pauvreté, à l'humilité du Verbe incarné, et surtout à sa Passion :

« Élevons nos yeux et contemplons Jésus, l'auteur de notre salut... suspendu à la croix et percé de clous. Ta vie est suspendue devant tes yeux. Qu'y a-t-il de plus précieux que ta propre vie ? La vie du corps, c'est l'âme ; la vie de l'âme, c'est le Christ. C'est donc ta propre vie qui est suspendue à la croix. Comment ne peux-tu pas, ô mon âme, souffrir avec lui et compatir à ses souffrances ? »

Cette méditation illustre la vie mystique, dont l'abbé Thomas Gallo, Chanoine régulier de Saint-Victor de Paris et prieur du monastère de Verceil, a tissé l'éloge posthume suivant :

« Saint Antoine, avec qui j'ai eu des rencontres familières, bien que non versé dans la science des lettres profanes (il connaissait ces sciences, mais les utilisait uniquement pour comprendre et expliquer le sens des Écritures), avait pénétré les arcanes de la théologie mystique et retenu parfaitement ses enseignements. A l'exemple de Jean-Baptiste, qui était "une lumière ardente et brillante" (Jn 5,35), il brûlait d'un feu dont l'ardeur éclairait. »

Le théologien

La plupart de ceux qui ont étudié ses *Sermons* ont cherché à faire cadrer sa théologie avec les traités des grands maîtres du Moyen Age et des écoles de théologie. Mais y a-t-il chez saint Antoine un exposé systématique de la théologie catholique ? « Faut-il, par exemple, parler d'une mariologie de saint Antoine ? », se demandait René Laurentin au cours d'un colloque sur la doctrine mariale d'Antoine. « Ce mot, rappelait-il, n'apparaît qu'en 1602. S'il convient pour caractériser une synthèse mariale organique, il paraît peu adapté pour désigner la doctrine des Pères de l'Église, chez qui la Vierge n'est pas encore l'objet d'un Traité ni d'un traitement ex professo. C'est aussi le cas de saint Antoine. »

Tout le monde s'accorde cependant pour dire que les écrits d'Antoine de Padoue contiennent l'exposé de toutes les grandes vérités de la foi catholique, y compris celles de l'Immaculée conception et de l'Assomption, bien présentes, à son époque, dans la prière et la réflexion théologique. Mais voyons en détail quelques-unes de ces vérités.

Un seul Dieu en trois personnes. La foi trinitaire est la base de tout l'édifice de la foi.

> « Dans la Trinité, il y a l'origine de toutes choses... L'origine suprême d'où découle toute chose est le Père, source de tout ; le Fils est la beauté la plus parfaite, la vérité du Père ; l'amour et la bonté suprême est le Saint-Esprit, don du Père et du Fils...
>
> « Le Fils est le Visage du Père. Nous connaissons quelqu'un par son visage ; nous connaissons le Père par le Fils. La Lumière du visage de Dieu, la connaissance du Fils a été imprimée, comme une marque au fer rouge, dans les cœurs des apôtres le jour de la Pentecôte. »

Jésus-Christ. L'incarnation est au cœur de la théologie d'Antoine.

> Le Verbe est « sorti du sein du Père, où il était de toute éternité, et venu dans le monde pour semer » [allusion à la parabole du semeur et à Jean (16,28)] ; « Je suis sorti du Père et je suis venu dans le monde... » [...]
>
> « Le Père a donné la divinité, la Mère, l'humanité ; le Père (a donné) la Majesté, la Mère, l'infirmité. » Le mot *infirmité* ne diminue pas la dignité de Marie pour autant, car elle est « la plus heureuse de toutes les femmes ; elle a eu un Fils en commun avec Dieu-Père » (expression empruntée à saint Bernard).

L'humilité de l'Incarnation du Fils de Dieu est une leçon pour les orgueilleux : « Rien n'humilie autant le pécheur que l'humilité de l'humanité de Jésus-Christ... Quelle pauvreté, quelle humilité! rougis, avarice insatiable! tombe, orgueil de l'homme! »

En s'incarnant, Dieu a conclu ses noces avec l'humanité : « Entre nous et Dieu, grande était la discorde; pour la bannir et refaire la paix, il a fallu que le Fils de Dieu reçoive une épouse dans notre parenté... Cette épouse est l'Église ou l'âme de chaque fidèle. »

« A sa Passion, c'est l'amour qui a conduit le Christ à donner sa vie pour nous, parce qu'il était vraiment notre ami... Il serait vraiment fidèle l'ami qui, si tu étais en danger de mort, s'offrirait pour toi et prendrait volontiers sur lui, et pour toi, ton infirmité et ta mort. »

On pourrait multiplier les citations, mais passons à un autre thème.

Marie. Mère du fils de Dieu, elle est aussi la mère spirituelle des hommes.

« O plus heureuse que tout heureux!... Quelle gloire eût été celle de cette pauvre petite femme, si elle avait communiqué un fils à un empereur mortel! De combien est plus grande la gloire, pour cette Vierge qui a communiqué le Fils à Dieu le Père! Elle enfanta son Fils » (cf. Lc 2,7).

« C'est la bienheureuse Vierge Marie, dont il a reçu l'humanité, qu'aujourd'hui (fête de l'Assomption) le Seigneur a glorifiée en l'exaltant au-dessus des chœurs des anges. »

« Comme un vase d'or solide, Marie fut vase par l'humilité, d'or par la pauvreté, solide par la virginité... Nous te prions, Notre-Dame, notre espoir. Nous sommes secoués par la tempête de cette mer (du monde) ; toi Étoile de la mer, rayonne, dirige-nous vers le port, assiste notre arrivée par la protection de ta présence... »

L'Église. Elle est l'assemblée des croyants en Jésus Christ, fondée sur la pierre de la foi ». Son but est de conserver inaltérée la semence de la Parole de Dieu, de l'Évangile qui a la priorité sur toutes les règles et toutes les institutions :

« Si un évêque ou un prélat (chargé d'une responsabilité, revêtu d'une dignité) agit contre les décrétales d'Alexandre, d'Innocent ou d'un autre pape, il est aussitôt accusé, convoqué, convaincu (de sa faute), déposé. Mais s'il a commis une faute mortelle contre l'Évangile, qu'il est tenu d'observer avant toute autre règle, personne ne l'accuse, personne ne le corrige. » Un tel passage n'est-il pas d'une grande actualité...

Les vrais fidèles sont les « pauvres en esprit ». Comme la colombe, ils font leur nid dans le trou du rocher, se cachent dans le côté ouvert du Christ... Leurs chants sont les pleurs ; leur mélodie, les larmes et les soupirs ; avec les ailes de l'humilité et de la patience, ils volent vers les réalités célestes, « *dans l'unité de l'Église, assemblée des fidèles* ».

Une morale pour la vie. Antoine de Padoue a-t-il une doctrine morale ? La seule évocation de ce mot suffirait à lui attribuer un rôle austère, rébarbatif, bon pour un autre âge. Cependant, tout en prêchant l'Évangile dans une société religieusement désorientée, socialement dominée par l'orgueil, l'avarice et la luxure, le « maudit ternaire », ayant lui-même opté pour l'Évangile, il ne pouvait ignorer la place de la pénitence et de la conversion. Or, pour lui, conversion signifie réforme des mœurs, pratique des vertus, et surtout option pour le Christ et nouvelle manière de vivre. Commentant l'expression de Jésus « personne ne peut servir deux maîtres », il écrit :

> « Tobie dit à son fils : "Tous les jours de ta vie, garde Dieu dans ton cœur :" O possession qui possède tout ; heureux celui qui te tient. O Dieu, que pourrais-je donner pour t'avoir ? »

Si on voulait résumer la place qu'occupe, dans l'Église et dans l'histoire la théologie d'Antoine on pourrait souligner ces trois caractéristiques :

— Elle est un témoignage vivant et actualisé de l'Évangile et de la foi chrétienne.

— Antoine a ouvert la voie de la liberté évangélique à la théologie franciscaine qui se montrera par la suite toujours fidèle à l'Évangile et libre par rapport aux différentes écoles philosophiques.

— Sa doctrine n'est pas un exposé théorique et systématique ; elle répond au besoin urgent d'instruction et de formation du peuple chrétien — et de ses responsables —, mis à mal par les hérésies du temps. Elle stimule l'amour pratique de Dieu et des hommes, et s'exprime sans cesse en élans de vie et de spiritualité.

L'écrivain

Reste à analyser son œuvre écrite. Saint Antoine a laissé soixante-seize sermons qui couvrent tous les dimanches de l'année et les fêtes des saints, de Noël au 29 juin (fête des saints Pierre et Paul). Six de ces sermons sont dédiés à la Vierge. En 1979, les éditions du « Messaggero » de Padoue en ont publié l'édition critique.

En parcourant ses biographies, nous avons appris qu'il les a composés à Padoue, en deux périodes successives, au cours des dernières années de sa vie.

Une question se pose cependant. Un ouvrage d'une telle envergure (de la valeur de cinq ou six volumes actuels de trois cents pages) a-t-il pu être rédigé en l'espace de quelques mois, par un homme qui était absorbé par bien d'autres activités? Pourquoi, dans tout l'ouvrage, ne trouve-t-on la moindre allusion à la personne de saint François ni à son ordre, dont Antoine était un des membres les plus représentatifs ? Le problème reste ouvert. Il semble qu'on puisse admettre sans difficulté que l'ouvrage, dans la forme qui nous est parvenue, a été ordonné par Antoine au cours de ses dernières séjours à Padoue, et avec des matériaux rassemblés, et utilisés, auparavant. Cependant, des recherches plus approfondies sur les sources, le langage et le contenu pourraient fournir des informations de première importance sur les années de formation d'Antoine au Portugal et tout spécialement à Coïmbre.

Pour ce qui est des *Sermons*, il est intéressant de citer le prologue où l'auteur indique la raison et la méthode de son travail.

> « J'ai composé (cet ouvrage) avec crainte et pudeur, me sentant incapable d'assumer une tâche si grande, et pressé par les prières et l'affection des frères... j'ai construit une sorte de quadrige, reliant entre eux les évangiles, les histoires de l'Ancien Testament, les introïts et les épîtres des dimanches, tels qu'ils sont lus dans l'Église, afin de dégager le sens sacré de l'Écriture, pour l'honneur de Dieu, l'édification spirituelle des âmes et la consolation des auditeurs. »

« *Docteur évangélique* »

Une vie conforme à l'Évangile, une spiritualité qui a pour but l'union à Dieu, des *Sermons* pouvant servir aujourd'hui l'Église et les chrétiens : voilà les critères qui ont amené le pape Pie XII à honorer Antoine de Padoue du titre de « Docteur ».

> « Celui qui parcourt attentivement ses *Sermons*, écrit-il dans la bulle *Exulta, Lusitania felix*, découvrira en Antoine un exégète expert dans l'interprétation des Écritures, un théologien remarquable dans la définition des vérités dogmatiques, un docteur et un maître éminent dans les questions d'ascétique et de mystique. Tout cela constitue une mine très

riche d'où les orateurs sacrés peuvent extraire des arguments pour défendre la vérité, repousser les erreurs, réfuter les hérésies et remettre dans le droit chemin les âmes en perdition...

Et *puisque Antoine avait l'habitude de confirmer ses propres paroles par des passages et des sentences de l'Évangile, à bon droit il mérite le titre de « Docteur évangélique ».*

En effet, de ses écrits, comme d'une source pérenne d'eaux limpides, beaucoup de théologiens et orateurs sacrés ont extrait, et peuvent continuer à extraire, leur doctrine, parce qu'il voient en Antoine le maître et le docteur de l'Église. »

Ce que Grégoire IX avait proclamé, le jour de la canonisation d'Antoine, en entonnant l'antienne des Docteurs de l'Église, Pie XII le confirmait pour toujours.

3

Antoine de Padoue est-il d'actualité ?

Au terme de ce parcours, la question posée au début de ce livre revient : quel est le vrai saint Antoine de Padoue, celui du culte populaire ou celui de l'histoire ? Saint Antoine a-t-il un message à transmettre aux chrétiens, aux hommes d'aujourd'hui ?

La réponse à la première question est claire : le vrai saint Antoine est celui de l'histoire, mais le culte populaire est révélateur du rôle qu'il joue au service de la foi. De même des recherches peuvent contribuer à mieux faire connaître sa pensée, sa personnalité, son rôle dans l'Église.

Pour la deuxième question, la réponse est donnée par les initiatives, catéchétiques, caritatives et culturelles, que sa présence continue de susciter.

— Antoine est un expert dans la connaissance de la Bible. Plus que jamais il apprend à étudier la Parole de Dieu, au sein du Corps de l'Église, en vue de la communiquer aux hommes d'aujourd'hui.

— Antoine de Padoue a parlé et enseigné pour éclairer et guider les chrétiens de son temps. Il nous apprend aujourd'hui à transmettre la catéchèse dans un langage compréhensible et en réponse aux besoins des hommes de notre époque. Dans cette ligne s'inscrivent tout particulièrement les publications du « Messager de Saint-Antoine » à Padoue, et celles qui émanent d'autres sanctuaires antoniens en France, en Belgique, en Espagne, au Portugal, au Brésil, etc.

— Antoine a aimé les pauvres et défendu la justice. Au cours des siècles, le « Pain des pauvres de Saint-Antoine » a été une expression de cette charité. Aujourd'hui, la même charité et le même souci de justice s'étendent, à travers la « Caritas antonienne » de Padoue, à des projets d'assistance et de développement en faveur des pays du tiers monde.

— Antoine de Padoue et de Lisbonne a défendu la vérité, sans acception de personne. Cette même liberté devient nécessaire à une époque où beaucoup d'hommes sont fortement conditionnés par des idéologies, le progrès technique, les médias, l'évolution des mœurs.

Si l'homme choisit la vérité, enseigne Antoine, il doit la chercher et la servir toute sa vie.

Images et symboles de saint Antoine de Padoue

L'iconographie de saint Antoine comporte un ensemble de symboles — jeunesse, habit, livre, Enfant Jésus, lis, flamme, cœur, pain — qui expriment soit une caractéristique de sa personnalité (fonction de souvenir), soit les dons et qualités dont la dévotion populaire l'a investi (fonction symbolique).

— L'image la plus populaire représente Antoine sous les traits d'un jeune religieux, l'Enfant Jésus dans ses bras et un lis dans la main.

— La *jeunesse* se rattache au personnage idéal, pur, bon, accueillant pour tous.

— *La bure franciscaine* (brune ou noire) rappelle son appartenance à l'ordre franciscain, mais avec ses caractéristiques propres. Certains pensent même qu'il a fondé son propre ordre et ont de la difficulté à le rattacher à François.

— L'*Enfant Jésus* se rattache à la vision dont il aurait bénéficié à Camposampiero, et exprime son attachement à l'humanité du Christ et son intimité avec Dieu.

— Le *lis* rappelle sa pureté et sa lutte contre le démon, dès son enfance.

— La *flamme* évoque son amour pour Dieu et pour le prochain. De nombreux ex-voto ont la forme du cœur et récemment encore, un reliquaire contenant l'apparat vocal (pharynx) retrouvé intact parmi ses reliques a été conçu en forme de flamme.

— Le *pain* évoque sa charité envers les pauvres. L'image est rattachée à l'œuvre du « Pain des Pauvres de Saint-Antoine », toujours vivante et actuelle.

— Enfin, l'image la plus ancienne et la plus proche de la réalité, le représente avec le *livre*, symbole de sa science, de sa doctrine, de sa prédication et de son enseignement.

Bibliographie

Sources

Sermones Dominicales et Festivi, ad fidem codigum recogniti, 3 vol. Edizioni Messaggero Padova, Patavii, 1979.

Santo António de Lisboa, doutor evangélico, *Obras Completas, Sermões* Dominicales e Festivos (Saint Antoine de Lisbonne, *Œuvres Complètes, Sermons des dimanches et fêtes*). Édition bilingue, latin-portugais, introduction, traduction et notes, par Henrique Pinto Rema, 2 vol., Lello & Irmão Éditeurs, Porto, 1987.

Fonti agiografiche antoniane : *Vita Prima o « Assidua », Officio ritmico e Vita secunda, Dialogus e « Benignitas », Vite « Raymundina » e « Rigaldina »*. Introduction, texte critique, version italienne et notes, par Vergilio Gamboso, Edizioni Messaggero Padova, 1981, 1985, 1986, 1992.

I Fioretti di sant'Antonio, Il « Libro dei miracoli », par Vergilio Gamboso, Edizioni Messaggero Padova, 1993.

Saint Antoine de Padoue, Une Parole évangélique, Choix de sermons, présenté et traduit par Valentin Strappazzon, éd. franciscaines, 1995.

Études et Colloques

Le fonti e la teologia dei Sermoni antoniani, Actes du Congrès International d'Études sur les « Sermons » de saint Antoine de Padoue (Padoue, 5-10 octobre 1981), in « Il Santo » (janvier-décembre 1982).

Colóquio antoniano, pour la commémoration du 750e anniversaire de la mort de saint Antoine de Lisbonne (Lisbonne, 8-11 juin 1982). Cámara municipal de Lisboa, 1982.

Santo António de Lisboa, Introduction et sélection de textes, par Francisco da Gama Caeiro, coll. « Pensamento Portugues », Editorial Verbo, Lisboa/Sao Paolo, 1990.

F. da Gama CAEIRO, *Santo António de Lisboa*, vol. I, Introduction à l'étude de l'œuvre antonienne, Lisboa, MCMLXVII.

Biographies récentes

Fernand LEQUENNE, *Antoine de Padoue, sa vie, son secret (1195-1231)*, coll. « Visages d'Église », Chalet-Paris, Messager de Saint-Antoine-Padoue, 1991.

P. Fernando Félix LOPES, *S. Antonio de Lisboa, doutor evangélico*, Editorial Franciscana, Braga, 1982.

Francesco Saverio PANCHERI, *S. Antonio, questo sconosciuto*, Edizioni Messaggero Padova, 1981.

Joaquim Verissímo SERRAO, *História de Portugal*, Editorial Verbo, Lisboa, 1977.

P. WILLIBRORD de Paris, *Saint Antoine de Padoue*, Librairie Saint-François, Paris, 1947.

Table

Avant-propos 5

I. MIROIR DU PORTUGAL

1. Enfance et adolescence 17
2. L'heure du choix 23
3. Saint-Vincent de Fora 26
4. Sainte-Croix de Coïmbre 30
5. La rencontre avec les Frères Mineurs 40

II. AU SERVICE DE L'ÉVANGILE EN FRANCE ET EN ITALIE

1. De l'oubli à la mission 53
2. Prédicateur à Rimini, enseignant à Bologne 64
3. En France : Montpellier, Toulouse, Limoges 80
4. A Padoue, conseiller des grands et défenseur des pauvres 92
5. Mort et canonisation 104

III. L'HÉRITAGE

1. Saint Antoine dans le culte populaire 119
2. Saint Antoine « Docteur de l'Eglise » 127
3. Antoine de Padoue est-il d'actualité ? 138

Bibliographie 141

4e édition - 9e mille

Cet ouvrage a été achevé d'imprimer en octobre 2000
dans les ateliers de Normandie Roto Impression s.a.
61250 Lonrai
pour le compte des Éditions Desclée de Brouwer
N° d'imprimeur : 002626
Dépôt légal : octobre 2000

Imprimé en France